図工科授業サポートBOOKS

あるある悩みを一気に解決！
小学校図画工作
絵の指導ガイド

鈴木 早紀恵 著

明治図書

はじめに

　この本を手に取られた先生の受けもつ子どもたちは，どんな絵を描いていますか？　子ども自身が，本当に描きたい方法を自ら選んで描いていますか？　その絵は「みんなちがってみんないい」個性豊かな絵でしょうか？

　「絵が苦手な自分が，授業で絵を教えるなんて……」とお困りの先生。「どうして自分が指導すると，のびのびとした絵を子どもたちに描かせることができないんだろう」とお悩みの先生。「上手に描けないから絵は嫌い！と子どもに言われてしまった」「絵の描き方の本を買って真似してみたけれど，どの子も似たような絵になってしまって……」「『もう描けた！』とあっさり完成と言ってくる子どもに，本当はもう少し描きこませたいのに……」など，「絵に表す」授業に関する悩みが絶えない様子が現場では聞こえてきます。

　そこで図画工作科の授業に関する悩み相談に乗ってきた筆者が，先生方の48の「あるある悩み」から，「絵に表す」図画工作科授業改善の方法を，改めて本にまとめました。

　さあ，気になるページから開い
てみてください。ちょっとしたこ
とを変えるだけで，子どもたちの
顔つきや絵が変わることを実感で
きるはずです。それだけではなく，
図画工作科の授業を通して，学級
づくりも変わるはずです。

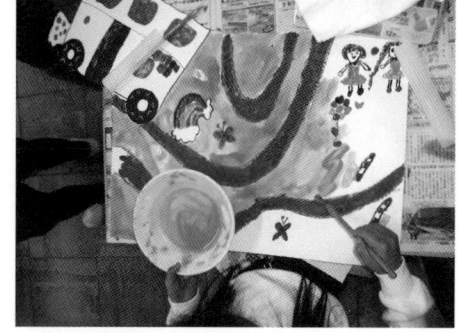

　「早く次の図画工作の授業の日
が来ないかな」と，待ち遠しくなるのは子どもだけでなく先生も……。そんな学校現場になることを願っています。

2023年8月

鈴木　早紀恵

CONTENTS

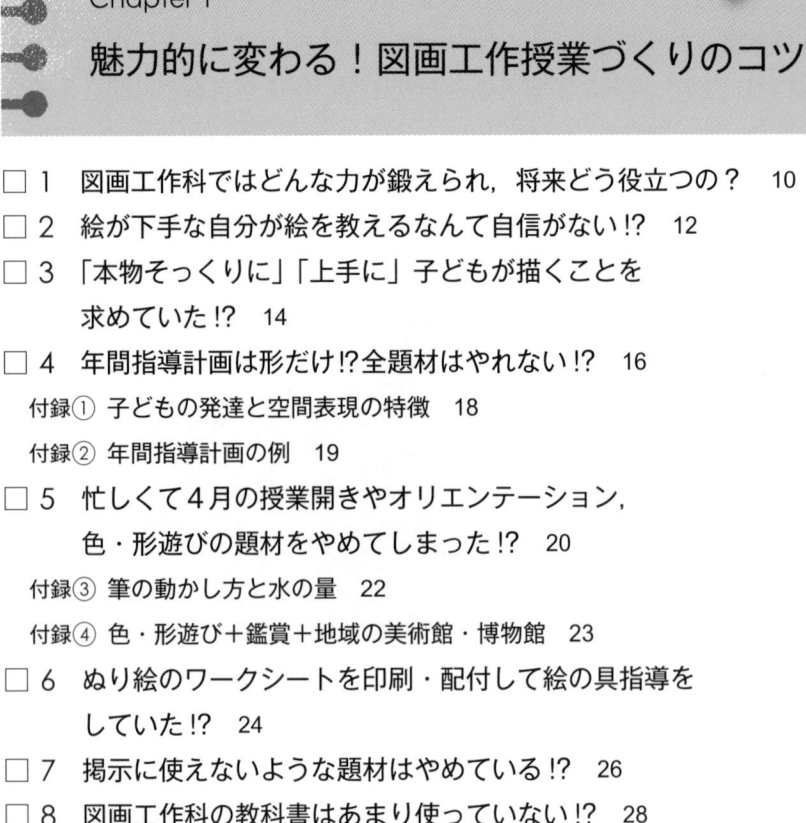

ついやってしまっていた図画工作科授業の「あるある」や先生方から受けた「悩み」を48，並べてみました。気になる項目にチェックを入れてみてください。そして，チェックの入った項目に書かれているページを開いてみてください。授業改革の仕方が見えてくるはずです。

Chapter 2

どうすればいいか分かる！場面別指導のコツ

Chapter 3

これでうまくいく！題材別指導のコツ

Chapter 4

やってみたくなる！図画工作×学級づくりのコツ

Chapter 1

魅力的に変わる！
図画工作
授業づくりのコツ

1 図画工作科ではどんな力が鍛えられ，将来どう役立つの？

「学習指導要領や指導書に，図画工作科や題材の目標が書いてあるけれど，言葉が難しくて……」「身に付けたい力を授業中に意識しているかというと，あまり意識していないかも……」という先生方からの声があります。

でも，図画工作科でどんな力を身に付けるべきかを教師が意識しているかどうかで，教師の声かけから評価まで，授業が変わります。もちろん，子どもたちの絵も姿勢も変わります。ここを間違って押さえていると，教師のひとりよがりの似たような絵ばかりになったり，絵を描くことを楽しんでいない子どもがいたりするようになります。

では，図画工作科ではどんな力が鍛えられ，将来どう役立つのでしょうか。

1 図画工作科の目標

図画工作科で目指すのは，「造形的な見方・考え方を働かせ，生活や社会の中の形や色などと豊かに関わる資質・能力を育成すること」です。形や色などの造形的な視点について，自分の感覚や行為を通して理解・表現します。感性や想像力を育み，人に伝える・人と関わる喜びを味わうことができるようにします。

2 生きる力の育成

図画工作科の授業では，つくりはじめはやる気に満ちていた子どもの表情

が，曇ることがあ
ります。思い描い
たようにはうまく
いかなかった時，
子どもはピンチを
乗り越える方法を
模索します。その
方法を子ども自身
が選択して，前へ

再び進みはじめるように，教師は支援します。図画工作科は，まさにこの連
続です。試行錯誤しながら，論理的思考を働かせ，困難を乗り越える力が鍛
えられるのです。この力は，予測困難な AI 時代をたくましく生きる力にも
つながります。

3 豊かな生活の創造

　図画工作科では，自分の手と感覚を使ってつくったり表したりします。子
どもが将来，職場，家庭，子育て，料理，介護等，様々な場面で，手や感覚
を生かす時が来るかもしれません。また，衣服，家具，車等，身の回りのも
のを好きな形や色で満たし，気持ちを豊かにすることにつながるかもしれま
せん。

　このように決して上手い絵が描けるように技能を磨くことだけが，図画工
作科の目標ではありません。図画工作科を通して，色・形に豊かに関わりな
がら，自分の人生をも豊かに彩る術を身に付けていくのです。

POINT

　絵を描く技能・技術を身に付けるだけが教科の目標ではない。図画工作
科は子どもに「生きる力」を育み，「豊かな生活を創造しようとする態度」
を養う。図画工作科でどんな力を育てるのかを意識して授業をしよう。

2 絵が下手な自分が絵を教えるなんて 自信がない!?

「絵は下手なので，子どもに描き方のコツを教えるなんて……」「美術専門ではないので，絵の見方も分かりません」という声を多く聞きます。

そもそも，「絵が下手」とはどういう状態のことを言うのでしょうか。これについては次の３（p.14）でも触れています。また，「絵を教える」とは，具体的には何をすることでしょうか。教師が授業の中で絵を描いてみせる場面が，実際にはどれぐらいあるでしょうか。

1 様々な表現の経験を積む図画工作科の授業

図画工作科は，絵を描く技術・技能だけを教える教科ではないと１（p.10）でもお伝えしました。「絵を教える」とは，手本や本物そっくりになるように，筆の動かし方や色の混ぜ方をやってみせることではありません。

すきなものはなぁに？　こんなのりものあったらいいな　水+墨=いい感じ 和

イメージがもてるように，図画工作科の教科書を開いてみましょう。筆の動かし方や色の混ぜ方の経験が，形や色の「遊び」を通してできるように，題材設定されています。形・色に対する感性や想像力を発達に応じて育めるようになっているのです。好きな形・色を見つけ，形・色遊びを通した道具・材料・技法体験，生活・風景画，空想画，版画，切り絵・貼り絵と，「絵に表す活動」だけでもいろいろあります。一年を通して，これらの経験を積んでいくことで，技能・技術や多様な発想を子どもは身に付けていきます。増やした引き出しを糧に，また，次の造形活動ではその引き出しを駆使して，新たな創造へと向かうのです。

2 教師の役目

　ここまでの話で大切なのは，「絵の描き方を教師がやってみせて教える」のではなく，「子どもに様々な表現の仕方を経験させる」ことだとお分かりいただけたでしょうか。教師の役目は，子どもが描く時に使える引き出しをたくさんつく

ってやることです。そしてその引き出しを思い出せるような環境を授業で準備することです。その環境には，教科書や掛図，デジタル教材などを利用してもよいでしょう。その場で教師が「このように描きなさい」と１つの方法を教えるのではなく，様々な表現の仕方から子ども自身が選び，「この方法で描いてみようかな」と主体的に動き出せるようにしましょう。

　合わせてお勧めなのが，授業の前に，子どもたちが手に取る道具や材料を使って，教師もやってみることです。子どもの実態と支援を確認するうえで，とても有効です。

POINT

　教師の絵の上手い・下手は関係ない。子どもがそれまでの経験や新たな方法から自分に合った表現を選べるように，教師は支援を準備したり，図画工作科の授業時間を確保したりしよう。

3 「本物そっくりに」「上手に」 子どもが描くことを求めていた!?

　「本物そっくりに描けたね」「上手に描けたね」と，私たちはつい子どもたちを褒めがちです。でも，この言葉には要注意です。

1 「本物そっくりに」「上手に」の落とし穴

　「本物そっくりに描けたね」は，描く対象を視覚的に捉えて写実的に表現することを追求していた子には褒め言葉になります。気をつけたいのは，本物そっくりな描き方を追求していない子のよさも，褒めて認めることを教師が忘れないことです。それを忘れると，子どもが自分らしい表現を追求することをしなくなったり，そっくりに描けないことで，「自分は才能がない」と後ろ向きになり，描くことを嫌いになる子が出たりする可能性も秘めています。

　「上手に描けたね」は，絵を上手・下手の価値観で見て序列をつくります。図画工作科で育てたいのは，多様な表現を認め合う姿です。

2 望ましい声のかけ方

　高学年になると，視覚的に物事を捉えて表現するのが得意な子と，触覚的に物事を捉えて表現するのが得意な子とに分かれる傾向があります。

視覚的に捉える表現

触覚的に捉える表現

　また，高学年は人からどう見られるかを気にする思春期にも入ります。低学年の頃は絵を思うがままにのびのびと描いていた子が，高学年になると絵を嫌いになる所以はここにあります。様々な表現の仕方を知り，経験を通して，自分に合った表現を見つけ，伝える心地よさを実感できることが大事です。

　右上のイラストのように，子どもの思いに寄り添い，様々な表現方法を認めるように声かけをしましょう。周囲の子も「じゃあ，自分はどんな表現をしようかな」と自分らしさを追求することでしょう。子どもたちの様々な表現方法に挑戦する姿を，教師は応援したいものです。

> **POINT**
>
> 　「本物そっくりに」「上手に」描くことだけを子どもに求めるのではなく，子どもの思いに寄り添い，その子が何をどう表現したいと願っているのかを理解しよう。

4 年間指導計画は形だけ!?
全題材はやれない!?

　どの学校にもどんな教科にも，年間指導計画があります。教科書会社が作成している年間指導計画を基に，学校の特色や行事に合わせて作成していることが多いと思います。

　では，その年間指導計画にある題材の授業を全て行っているでしょうか。「行事で時間が足りないので，行事に必要な絵や道具づくりを，週案には図工としておこう」と，予定の題材をやめてしまっていないでしょうか。行事で使う絵や道具づくりは，その題材の代わりとなるねらいや内容でしょうか。

1 9年間を見通した学びのつながり

　図画工作科では，それぞれの学年で取り扱う道具が学習指導要領に示されています。その年にその道具の経験をしないまま次の学年に子どもたちを送ってしまうと，子どももその後の担当教師も苦労をします。発達に応じて，小学1年生から中学3年生まで計画されている縦の学びのつながりは，道具の経験だけではありません。色や形に対する見方・考え方，表し方は，年齢ごとに経験を積むことで獲得されていくのです。

2 １年間を見通した学びのつながり

　１つの学年の中でも，１年間を見通して学びのつながりは大切にされています。「絵に表す」活動だけでも，学びのつながりを考えた題材配置になっていますし，「絵に表す」活動以外の活動とも学びがつながっています。

　例えば３・４年生では，左下の写真のように，指やスポンジ，タンポ等を使ってのスタンピング，網とブラシを使ったスパッタリング，筆を振って絵の具を散らすドリッピング，ストローを使った吹き流し等を使って表現する題材があります。この時の体験が，その後の題材で絵を描く時に，技法として生かされている例が，右下の写真です。

　また，片段ボールに絵の具をつけて模様をつけたり，ローラー遊びをしたりする「造形遊び」の題材があります。この経験を生かして，「絵に表す」題材でもスタンピングやローラー等を使って表現するようになります。

　子どもたちが既習の題材での経験を生かして，様々な発想や表現ができるように，１年を通して学べるようになっているのです。

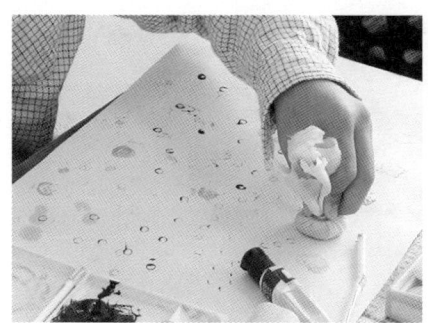 →

４月　絵の具遊び　タンポ　　→　　10月　読書感想画　タンポ

POINT

　年間計画の各題材は１年間だけでなく９年間の学びのつながりがある。題材を行わず，子どもが経験できなかったことで，後に子どもが困らないようにしよう。

　小学校の6年間は，子どもの発達が大きく変化する時期です。絵では，空間の表現にもそれが表れます。

低学年

　天と地が上下に分かれ地面の基底線上に描く対象が乗っています。

中学年

　天と地がつながり，その間の空間も描くようになります。ものの重なりを考えて描けるようになってきます。描く対象はまだ基底線上に揃う場合も多く，右の例もそうなっています。

高学年

　ものの重なりや奥行きを考えた表現ができるようになります。描く対象は，位置関係を考えて空間の様々な所に描かれます。

「造形遊びをする」「絵に表す」「立体に表す」「工作に表す」「鑑賞する」の5つが偏らないようにします。行事や教科との関連を考えて入れ替えたり題材内容をアレンジしたりします。

＜6年生の例＞

※A：教室掲示に使う学級カレンダーの絵を版画でつくる。

※B：秋の読書週間に合わせる。

※C：社会科・総合的な学習の時間と教科横断的に扱った「和の心」についての学習。地域の作家を講師として招く。作品を鑑賞したり，紙漉きをした和紙に墨と水を使って描き明かりをつくったりする。

第6学年　年間指導計画（開隆堂出版）

		内容	題材名	時数	
1学期 16	前期 24	絵	形と色で奏でるハーモニー	2	
		工作	絵のお話でプレゼント	4	
		絵	ためして刷って広がる思い	4	※A
		立体	白くなったら見える世界	6	
2学期 20		工作	金属と木でチャレンジ	6	
		造遊	いつもの学校が変身	2	
	後期 26	絵	見て感じて私の表現に	4	※B
		鑑賞	墨や筆の技水墨画の世界の中へ〜地域の作家をお招きして〜	2	※C
		絵	墨の達人	2	
		工作	すかして重ねてわたしの光〜和紙でつくる明かり〜	4	
3学期 14		立体	ねん土の板から生み出す形	2	
		絵	わたしのお気に入りの場所	4	
		工作	ドリームカンパニー	8	

第6学年　年間指導計画（日本文教出版）

		内容	題材名	時数	
1学期 16	前期 22	絵	わたしとひびきあう 絵の具スケッチ	2	
		造遊	糸から生まれるわたしの空間	2	
		鑑賞	もようから見つけて〜木版で〜	4	
		絵	版で広がるわたしの思い	6	※A
		造遊	自然を感じるすてきな場所で	2	
2学期 20		工作	くるくるクランク	6	
	後期 28	絵	言葉から想像を広げて	4	※B
		鑑	この筆あと，どんな空？〜地域の作家をお招きして〜	2	※C
		絵	墨と水から広がる世界	4	
		工作	紙から生まれるすてきな明かり〜和紙でつくる明かり〜	4	
3学期 14		工作	使って楽しい焼き物	6	
		絵	音の絵	4	
		工作	あったらいいなプロジェクト	4	

5 忙しくて4月の授業開きやオリエンテーション, 色・形遊びの題材をやめてしまった!?

4月の最初の授業では,「これから始まる1年間はどんな学習があるのだろう?」と子どもたちは新品の教科書を見ています。同時に「今度の先生はどんな先生かな」と緊張している子どももいます。

そこで,次のように授業開きやオリエンテーション,色・形遊びの題材を展開してみてはいかがでしょうか。図画工作科の時間はどんな時間なのか,体験を通して子どもが理解できます。

1 授業開きやオリエンテーションで伝えたいこと

授業開きで子どもたちに伝えたいのは,イラストのように,図画工作科の時間が安全を心がけた個性の追求の時間であることです。教科書の表紙を1枚めくると,それが語りやすいオリエンテーションのページがあります。それを活用するのが便利です。

図画工作の授業は、危険なことは絶対許されないけれど、一人一人のアイデアをいろいろ試せる時間です。すてきな色や形をいっぱい見つけていきましょう。そして一人一人のつくる色や形が、「みんな違ってみんないい」を目指していきましょう。

2 色・形遊びの題材が4月最初にあるよさ

よさの1つ目は,「図画工作科では,思いのままに自由に表現してよい」という,授業開きやオリエンテーションで伝えたことを,体験を通して子どもが実感できることです。

2つ目は,新しい学年のスタートで緊張している子どもたちの心を解放することです。人間は,きれいな色やリズムの心地よさには,幸福を感じると

も言われています。自分の好きな色やリズミカルな自由な筆の動きから心地よさを感じ，一時の緊張から解き放たれることでしょう。

　また，絵は，言葉にしなくても自分を表現できるので，言葉で伝えることが苦手な子どもにとっては貴重な時間です。新しく受けもってくれる先生に「自分を見て！」「わたしはこの色が好きなんだよ」「私が好きなものは〇〇だよ」とアピールできるチャンスにもなります。どの子も心を開放し，自分らしさを見つけ，また次の活動に向かうエネルギーをチャージできるのです。

　3つ目は，道具のもつ特徴や様々な技法を見つけ，見つけたことをその後の絵に生かせることです。

　このように4月のこの題材には大きな意味があります。この経験がつながって，実りの秋にはのびのびとした絵が描けるようになるのです。

◀ POINT ▮▮

　4月の緊張を和らげ，表現する喜びを子どもが味わえる授業開きやオリエンテーション，色・形遊びの題材を大切にしよう。

初めて自分の絵の具を使う時は，どんな表現ができるのかと，子どもはわくわくしています。

この気持ちを表現につなげ，「こんなこともできる！　あんなこともできる！」と，思い切り楽しみながら筆を動かせるひと時になれば，絵の具を使う授業が楽しみになることでしょう。

この経験は，高学年での墨を使った題材でも生かされます。

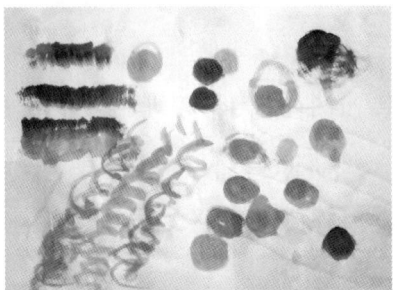

つくった色をいろいろな形で置いてみたら楽しくなり，さらに混色に挑戦した。

筆の動かし方の速さや水の量で，色のにじみ方も変わることを発見した。

筆を波型に揺らしながら描いた。筆の速さや波の大きさ，水の量による違いを楽しんだ。

墨を刷毛で描き，かすれたりにじんだりするのを楽しんだ。

付録④ ▶ 色・形遊び＋鑑賞＋地域の美術館・博物館

　色・形遊びの題材を地域の美術館・博物館鑑賞とつなげるのも面白いです。下は市内の民芸館での柚木沙弥郎展を題材につなげた高学年実践です。柚木さんの楽しい色や形を見て，子どもたちも色や形をいろいろつくりたくなりました。

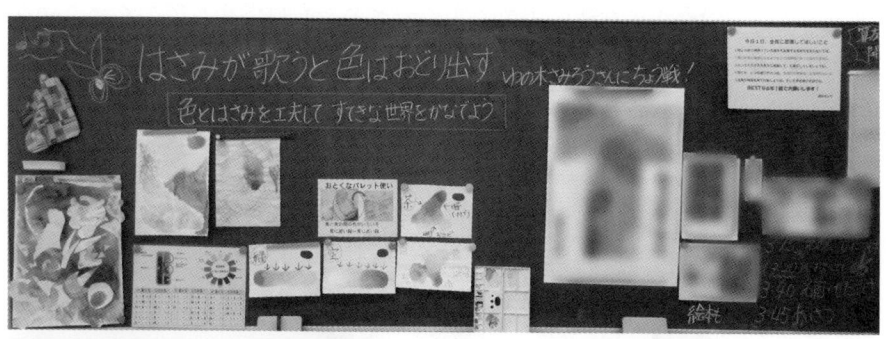

柚木沙弥郎展を紹介

色紙を切って貼り絵にする題材

絵の具で色遊びをした紙を切って貼り絵にする題材

6 ぬり絵のワークシートを印刷・配付して絵の具指導をしていた!?

　中学年での絵の具指導で時折見かけるのが，ぬり絵のワークシートを使って，その枠の中を子どもに塗らせる授業です。ワークシートは，混色でつくったたくさんの色を塗り分けられるように，丸印や植物，生き物のイラストが印刷されていることが多いようです。子どもたちは混色してつくった色を，小さな枠の中にはみ出さないように懸命に塗ります。「水の量による絵の具の色の違いや混色をきちんと教えたい」という教師の思いで，ワークシートが活用されるようです。

1 ぬり絵では経験できない大切なこと

　教科書の題材に，ぬり絵はありません。たくさん色づくりを試すのは同じですが，全員が同じイラストを塗りつぶすのではなく，個々が自由な形で思うがままに筆を動かします。画用紙に広がる形は具体物でなくてもよいので，思い切り筆を動かせます。偶然できた形から「○○に見える」と発想を促されることもあります。発想につながる経験はぬり絵ではできません。

　また，ぬり絵は枠からはみ出さないように塗ることは鍛えられますが，筆の動かし方の速さによるかすれや筆の持ち方による表現の違いは経験できません。思い切り筆を動かす経験を行わずに，後の題材で，「紙いっぱいに大きく描きましょう」と言われても，子どもは戸惑ってしまうかもしれません。自分の好きなものや心地よい線・形を描く経験をしているからこそ，大きな画面に思い切って筆を動かせるようになっていくのです。

2 試す経験の積み重ね

　低学年での色水づくり，中学年での絵の具の色遊び，筆・道具遊び，高学年での気持ちを色や形に表す題材は，縦の学びのつながりがあります。

　図画工作科では，一人一人が独自の色・形をいっぱい試せる時間でありたいものです。とりわけ，色・形遊びの題材では，思い切っていろいろなことを試したり，偶然生まれた形を楽しんだりする経験をたくさん積ませたいです。具体物を描く題材とは違って，いろいろ試し，失敗からも学べばよいのです。

　「自由に描かせていては，授業参観に絵を掲示するのに見栄えが悪いし，何を描いているか分からない」という心配は無用です。授業の目標，趣旨が保護者にも分かるように，掲示物や通信等で知らせればよいのです。我が子がのびのびといろいろな表現を試しているかどうか，ありのままを見てもらうことこそが大切です。

　「自分でつくった色や形は楽しいな」「絵の具で描くのは気持ちいいな」という感覚を磨いていきましょう。

> **POINT**
>
> 　ぬり絵のように大人が用意した一律の小さな枠ではなく，自分でつくった色や形を，紙いっぱいに試す経験や感覚を大切にしよう。「みんなちがってみんないい」を図画工作科ではめざそう。

7 掲示に使えないような題材は やめている!?

「一人一人，形も材質も違う材料を使って描く絵や立体的な絵，何を描いているか分からない絵は，掲示に使えないから困る」と授業を行わないのは，子どもから「いろいろな形や材料から発想する」機会を奪っています。

1 壁面掲示が難しい「絵に表す活動」の題材例

液体粘土に絵の具を混ぜたり，土に糊を混ぜたりして，段ボール等に指で描く題材があります。感触や動かす行為自体を楽しみながら描くので，具象の形にならなかったり，盛り上がって立体的になったりします。ぶら下げて掲示するには重く，大きさ・形も様々になります。壁面が難しい場合は，工作のように長机の上で展示します。「なんだかこの感じ，いいね」「この色とこの色は，微妙に違うね」等と，具象ではない造形を子どもたちは十分鑑賞し合います。

学年が上がるほど，複数の材料を使ったコラージュや台紙・

壁面掲示が無理だった作品は長机の上に飾った

板を自分で工夫する題材が増えていきます。材料を手に取って，形や色，感触等から感じたことを組み合わせ，自分のいいなと思う世界を追求します。

このように自分の「いいな」と思う感覚でつくる造形では，できあがったものが「何だろう？」と理解しがたい形になることもあります。でも，その行為の過程が大事です。「この感じいいね」と，見る側も，色・形そのものが与える感覚を研ぎ澄ませて鑑賞し合いましょう。

2 展示の効果

　できあがったものを展示する効果は，互いの造形を鑑賞し合えるだけではありません。できあがった美しい形・色に囲まれて生活する心地よさを味わう効果もあります。

　右の写真は，色セロハンやビニールシート等の光に透ける材料でつくったコラージュです。土台のプラスチック段ボールには２つ穴をあけて，紐でぶら下げています。教室の窓に皆の作品を飾ると，様々な形・色に囲まれます。差し込む光も美しく，夢の世界のようです。美しい形・色に囲まれて生活する豊かな気持ちを実感できます。「鑑賞のため」だけでなく，「美しい形・色に囲まれた豊かな生活」を，子どもたちに経験させてやることが，生涯を通じて美術に親しむ心を育むのではないでしょうか。

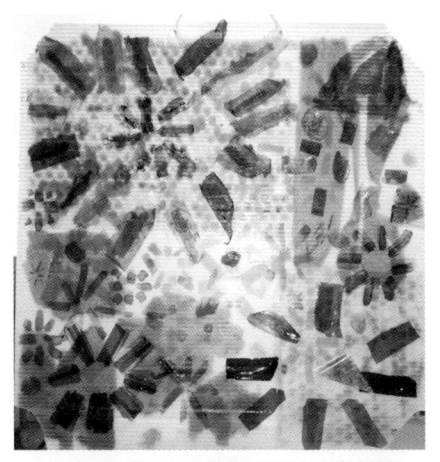

光を通す材料を使ったステンドグラス風のコラージュ

POINT

　いろいろな形や材料から発想する活動を大切にしよう。壁に飾れない絵は，工作のように机上に飾ろう。掲示により，「美しい形・色に囲まれた豊かな生活」を子どもたちに経験させよう。

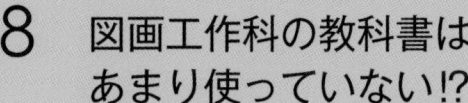

8 図画工作科の教科書はあまり使っていない!?

「教科書は４月に教室のロッカーに集めたまま」「教科書を見せると子ども
が真似をしてしまうからあまり使わない」「教科書をどういう時に使うのか
分からない」ということはありませんか？

1 授業前の教科書活用方法

材料の準備を学年通信にお知らせし，「どんなものをつくるかを考えてお
こう」と呼びかけ，教科書を家に持ち帰らせます。そうすると，家の人と話
をしたり，材料・道具を用意したりする中で発想し，関心・意欲も高まりま
す。

教室背面の黒板にもお知らせを記し，教科書を１冊開いておけば，それを
見て準備したり，友達と話したりして発想につなげる子が出てきます。

箱や飾りの材料をご用意ください

図画工作科で「箱をあけたら別世界」（教科書 p. ○
〜○）の学習を行います。

箱の内側には想像した不思議な世界を描き，外側は
好きな模様や飾りをつけます。

教科書の作品を参考にして，箱や飾りに使う材料等
を５月20日（水）に持たせてください。

・空き箱（絵が描きやすいように，長辺や直径が
　20cmほどはある箱がよいです）

（・リボン，モール，ビーズ，スパンコール，ボタン，
シール等の飾り）（・色マジックペン）（・ボンド）

---

2 授業の中での教科書活用方法

まず，題材との出合いの時間では，これからの活動の見通しをもたせるた
めに，教科書掲載作品を見合います。それを参考にして，「自分だったら」
を考えます。教科書作品の真似のつもりでも，ちゃんとその子らしい表現に

なりますので，大丈夫です。「自分の好きな色や形に少し変えてみてごらん」
と，自分らしさを加えるように教師は声かけをします。

　教科書巻末には，道具の使い方や技法が掲載されています。全体の場で活
用しておくと，子どもが自分で必要な時にそれを見るようになります。

　制作過程で行き詰まった時なども教科書を開くのは有効です。発想や技法
など，表現の方向が見つかるきっかけになります。

◀ POINT ▌
　教科書は最強の助っ人。授業前も授業中もどんどん活用しよう。「自分だ
ったらどうするかな」という発想のきっかけにしよう。

9 絵に描くものをどのように決めて指導したらよい？

「ヒマワリを描こう」「リンゴを描こう」などと，全員が描くものを1つに決めてスケッチする方法が，絵画教室や絵のテクニック指導本には見られます。でも，図画工作科の教科書にはあまり見られません。なぜでしょう。

1 図画工作科がめざしていることと題材との関係

図画工作科では，「対象や事象を捉える造形的な視点について自分の感覚や行為を通して理解する」ことをめざしています。子どもたちが各自の思いと表現方法で「ヒマワリを描きたい」のであれば，題材としての価値があります。例えば子どもたちが自分でヒマワリの種をまき，育てた時，「わたしのヒマワリを絵に描いて残したい」という思いがあれば，十分価値のある題材となります。自分の思いが表れるように工夫しながら絵に表す図画工作科では，対象物への「思い」がまずあることが大事なのです。「造形的に面白い絵が描けるから」という大人の都合で題材にするのは，適切ではありません。

がんばって育てたヒマワリ絵に描きたいな

2 描きたい思いに合った構図

小学校6年生で，学校風景を描く題材があります。この題材でも，「自分にとって大切な風景」を感じることが，はじめの一歩です。「6年間いろんなことがあったな。いろんな気持ちでこの校門をくぐったな。時々校門をくぐるのが嫌な日もあったけれど頑張ったな。そんな校門を絵にしようかな」とか，「いつもこの校舎で6年間勉強してきたのに，こうしてじっくり校舎を眺めることって意外になかったな。絵に残したいな」など，子どもはそれ

ぞれの思いをもちます。その思いや感覚により描きたいと思ったものは，全員が同じ構図ではありません。

　「校舎を２点透視図法でスケッチしましょう。２点透視図法とは〜」という授業なら，図画工作科で何を育てるのかを考え直す必要があります。２点透視図法を全員が学ぶことを目標としてはいないからです。もちろん，子どもが思いを表現するために必要な方法として，２点透視図法を紹介する場合もあります。でも，子ども全員が本当に必要なのかを吟味して提示すべきです。全員が同じ構図や表現方法で描くように教師が指示する授業は，子どもが描きたい思いとずれる場合もあり，描く意欲にも影響します。

　思い出が詰まった場所は１つに絞れないので１つの画面にいくつも切り貼りしたいという子どももいれば，１つの風景をフォーカスしたい子どももいるでしょう。各自の大切な風景を表したいことに合った表現方法で描くことを大切にしたいものです。

　図画工作科では，対象物への「思い」をきっかけに，造形的な見方・考え方を働かせてその子らしい描き方ができるように，教師は支援します。

POINT

　描きたい「思い」が湧くテーマを選び，「思い」に合った構図を子どもが選べるように支援しよう。

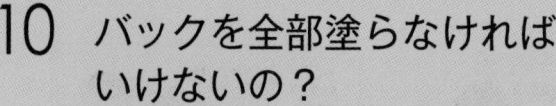

10 バックを全部塗らなければ いけないの？

子どもが絵を描く時，中心に描いたものの背景に何も手がつけられていないのを見て，「まだ塗っていないところがあるじゃない。バックもちゃんと塗りなさい」と指示してはいませんか？　この声のかけ方は要注意です。

1 子どもの発達と空間表現

付録①「子どもの発達と空間表現の特徴」に記したとおり，子どもの空間認識と表現は小学校６年間で大きく変化します。

空間認識が未発達な子どもは，画面に天と地があり，地である基底線上に描きたいものを描く傾向があります。天と地の間や奥行という空間認識は子どもにはありません。だから，描きたいものを基底線上に描き終えれば満足します。ところが，大人は物足りなさを感じて，「バックを塗りなさい」と声をかけがちです。子どもは言われて懸命に塗りますが，そこに子ども自身の思いはありません。また自分が一番描きたかったものに背景色が被るような塗り方をしてしまうと，失敗と感じ，絵が嫌になってしまう場合もあります。

顔や服にもバックのえのぐがかかっちゃった…

2 色画用紙の活用や声かけの工夫

このような空間認識が未発達な子どもには，色画用紙を用意しておくとよいです。描く対象に合わせて，薄水色や薄クリーム色，薄黄緑色などを選べるようにしておけば，クレヨン，絵の具の発色もよく，無理に塗りつぶすことをしなくても色があり，世界観をつくることができます。

　空間認識が発達してきた子どもにも，「バックを全部塗りなさい！」は禁物です。そもそも「バック」と教師が言っている空間は，子どもの描きたい世界の何に当たるのでしょうか。

　子どもによっては，「バック」に木や生き物がいる森を描いた方が自分の表したいことにつながるかもしれません。あるいは，「バック」に何かを描くのではなく色を塗ることで，中心に描いたものを際立たせるデザイン的な効果を狙う場合もあります。大切なのは，子どもが表現したいことを対話から教師がつかみ取り，「この辺りはどう表現したらよいと思う？」と子どもに考えさせることです。迷う子には，背景にあるものを一つ一つ描く方法もあれば，今描いているものが際立つように色を塗っていく方法もあることを伝えます。その上で子ども自身が自分で選択して表現していけるように，教師は支援します。

POINT

　低～中学年では，色画用紙を活用して，バックを無理に塗らなくてもよいようにしよう。中～高学年では，バックの表現方法を子どもが考えて選べるように，教師は子どもに問いかけよう。

11 セット教材の効果的な生かし方は？

　今は便利なセット教材がたくさんあります。教師にとっても，材料を揃える児童・保護者にとっても手軽です。材料は必要な量だけ揃っていて，材質，大きさも子どもが扱うのに手頃です。セット教材の効果的な活用の仕方についてお伝えします。

1　セット教材の特性

　セット教材は便利な反面，全員が同じ色，材質の材料と量になるため，セット教材だけでは皆似たような作品になって「自分らしさ」を発揮できなくなりがちです。図画工作科は，自分の表現に合った材料を見つけることや，材料から発想して表現したいことを見つける力を育むことも大切です。

セット教材

利点　扱いやすい材質　忙しい教師にも保護者にも 準備が手軽で便利

欠点　全員が同じ色、材質… 似たような作品…

2　セット教材の効果的な活用の仕方

　セット教材の特性を踏まえたうえで，セット教材を使用する題材をまず選びます。例えば木版画の題材では，各自で版木や版画用紙を買いに行っていては大変です。自分らしさを発揮させるのは材料ではなく，彫り方や版の重ね方です。セット教材に入っている物やその数，大きさを吟味して，セット教材を選べばよいでしょう。

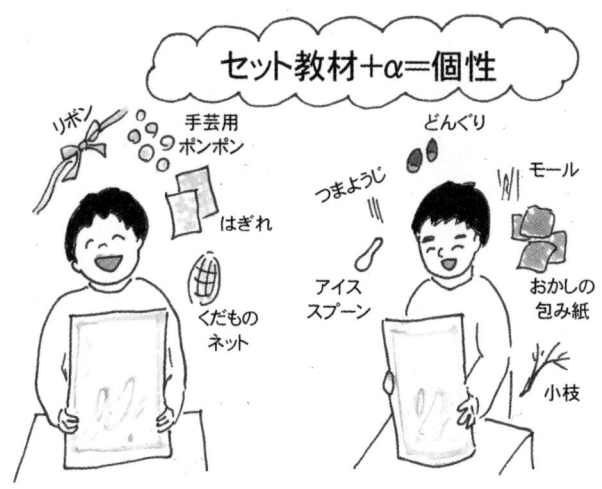

　その子らしい表現になるように，セット教材だけでなく，各自が材料を持ち寄ると，表現の幅が広がる題材もあります。例えば，いろいろな材料を使う貼り絵や版画の場合は，セット教材の材料に自分で見つけた材料をプラスさせて表現させるようにします。

3　材料を買うばかりではなく

　今は，ものがあふれる豊かな世の中です。様々な材料が安価で手に入ります。でも，材料を買うばかりでなく，身近な生活の中に使えそうな材料が転がっていないかを見つけることも大事にしたいです。地元の木材の余りが，近くの事業所に問い合わせると意外に手に入ることもあります。SDGs につながるだけでなく，今ある条件の中で最大限工夫する力，意外なものから発想する力も鍛えられます。これからの世の中に必要な大切な力の一つです。

POINT

　セット教材を使う題材を選び，セット教材以外の材料を各自が持ち寄ることで，個性豊かな表現ができるようにしよう。

12 時間も掲示場所もないので 八つ切り画用紙に描かせた!?

　「大きい画用紙は描くのに時間がかかるから」「掲示に場所を取るから」と，教科書掲載作品の半分サイズの八つ切り画用紙に描かせて掲示していたということはありませんか。それでいて，四つ切り画用紙に描く題材になってから，「大きく描きなさいと声をかけても子どもがのびのびと描いてくれない」と嘆いていませんか。

1　題材に合ったサイズの画用紙

　「好きなもの集め」「春集め」など，描くものが複数ある場合は，その1つ1つが小さい紙でもよいかもしれません。たくさん描きためることに意味があるからです。

　しかし，手を思いきり動かし，画面構成を考えながら自分の表したいことを画面いっぱいに表現する題材ではどうでしょうか。心を開放させながら手を動かすには，運動量的にも心理的にも小さいサイズの紙では窮屈です。また，四つ切り画用紙に思い切り描く経験を積んでいなければ，いきなり「大きく描きなさい」と声をかけられても，子どもは戸惑うことでしょう。

2　発達や道具に合ったサイズの画用紙

　発達的にも，幼い子どもは細かい活動が困難な傾向があります。そのため，使う道具もクレヨンなどの太くしっかり握れるものが適しています。握ったクレヨンを動かすのに画用紙が小さいと，描きたいものが収まらなかったり，輪郭の中に色が塗れなかったりします。

クレヨンは太いので握りやすく
大きくのびのび描ける

先が細い
えんぴつは
小さく描ける分
絵も小さくなりがち
なので注意

横長の
紙にしよう
かなぁ

　教科書掲載作品にはサイズが記されています。それを参考にするとよいでしょう。

3　定型以外の画用紙

　描く紙は，八つ切りや四つ切りといった定型である必要はありません。描いてみて必要ない余白はいつでもはさみで切ってもよいし，足りなければつぎ足してもかまいません。四角でなければならない理由もありません。紙の形から意外な発想が生まれる場合もあります。

　大人の都合で掲示しやすい，皆同じ大きさ・同じ形ばかりにするのではなく，豊かで個性的な発想を追求する図画工作科の授業では，一人一人の思いに合った紙に，のびのびと描くことを大事にしたいものです。

> **POINT**
>
> 　題材や発達，使う道具に合わせ，のびのびと腕を動かし，豊かな発想を引き出せるサイズや形の紙にしよう。

13 描画材は鉛筆やクレヨン，絵の具だけ!?

「ここはペンを使ってみようかな」「先にクレヨンで模様を描いておいて絵の具で塗ろうかな」「墨で描いて絵の具をぼかそうかな」と，子どもが描きたいものに合わせて道具を使い分けていますか。「絵と言えば，鉛筆かクレヨンをさっと机から出させて描かせて，あとは絵の具で……」と，学年や題材が異なっても，ほぼお決まりにしているなんてことはありませんか。

1 発達や題材に合わせて様々な描画材を経験

発達に合わせて，様々な描画材を経験させ，自分の表現に合った描画材を選べる子どもに育てたいものです。

このような子どもにするためには，各学年にある様々な材料・用具を使った色遊び・形遊びの題材を十分経験させることが大事です。遊びを通して身に付けた技法が，後の題材で生かされます。教科書の巻末には，その学年に合わせて様々な用具や表し方が紹介されています。付録⑩「描画材と技法」にも紹介しましたので，参考にしてください。

描画材はこれに限らず，「これを使ってみたらどうなるだろうか」と，いろいろ試してみる子どもを育てたいものです。普段，子どもが遊びで使うラメ入りのペンやのり，色チョーク等を，絵の具が乾いた上にのせるのも面白い表現ができます。

「先生，いろいろな材料を使ってもいいですか？」と，尋ねてくる子どもがいます。図画工作科の授業では，危険でない限り「使ってはいけません」ということはないので，日頃から声をかけていると，自分らしい表現に合った道具・材料を追求する子どもが育ちます。

2 様々な用具や技法を提示

　声かけ以外に大切なのは，用具や技法を提示するコーナーがあることです。授業の導入で紹介し，あとは個別に利用できるようにしておきます。視覚的に分かりやすい資料を掲示したり，学習用タブレットで写真や動画が観られるようにしたりします。発想や表現に困った子どもが，このコーナーを見ることで，自分の表したいことを見つけられることがあります。

3 描画材を限定する題材

　描画材特有の表現の面白さを楽しむ題材では，描画材を限定します。

　例えば，6年生の墨と水を使った題材では，墨と水を使ってできることをいろいろ試し，形や色などの造形的な特徴を捉えながら，表し方を工夫していきます。導入では，学習用タブレットの動画や教科書で，様々な表現について学びます。そして「自分でもいろいろ試したり，面白い表現方法を見つけたりしよう」と声かけします。ここでの経験は後の題材に生かされます。

POINT

　描画材は，発達や題材に合わせていろいろ経験させ，子ども自身が自分の表したいことに合った描画材や技法を主体的に選べるようにしよう。用具や技法を紹介するコーナーをつくり子どもを支援しよう。

14 高学年はクレヨン卒業!? 四つ切り画用紙に鉛筆と絵の具で描かなくてはいけないの?

「高学年は四つ切り画用紙に鉛筆で線描し，絵の具で着色するのが当たり前」と思ってはいませんか?

1 鉛筆と絵の具だけで描く時の落とし穴

絵の具で着色する絵に，鉛筆で描画することが悪いわけではありません。しかし，鉛筆で描くと絵が小さくなってしまいがちです。小さいと，その中の小さい面積を絵の具でうまく塗れないということが起きます。

もう一つの問題点は，絵の具が鉛筆の線描の上にのると，せっかく描いた線が見えなくなり，形がはっきりしない絵になりやすいということです。

2 支援の仕方

前頁のとおり，様々な描画材の経験を積むことがまず大事です。それ以外に，教師が描画材の特性を全体に紹介したり個別支援したりします。線描に自信がもてない子には，次頁のイラストのような声かけが有効です。

経験を積む　　　特性を紹介する　　　個別支援する

クレヨンで描くと
絵の具をはじきます

ペンで描くと
絵の具をのせて
からも線がくっきり
しています

おすすめはこの2つ
ですが　自分に合った
ものを選びましょう

模様があると
たしかにもっと
すてきになるね
色ペンだと
くっきりするし
色鉛筆だと
優しい感じに
なるけど
何で描く?

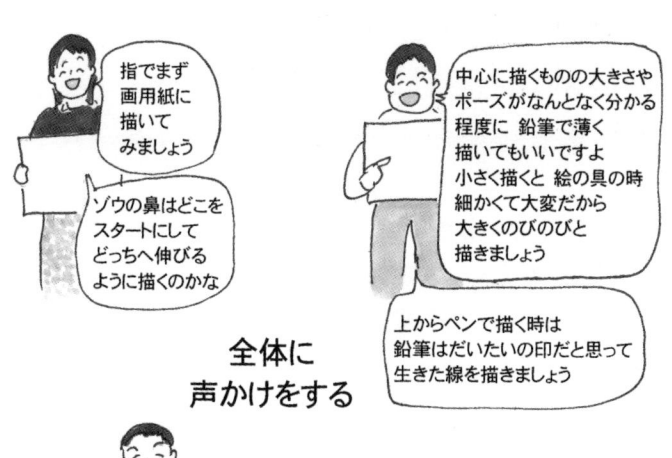

全体に
声かけをする

3　仕上げの描画材

　絵の具を使う絵は，仕上げで細筆が活躍します。ところが，小さく細かく描いた所を絵の具で塗り分けるのは難しい場合もあります。そんな時は，色ペンや色鉛筆などで仕上げても面白い効果があります。一度絵の具で塗られている部分の上から細かく描き込む時も，色ペンや色鉛筆は効果的です。髪の毛や服の模様，立体的な影など，絵の具の上に一工夫できます。

POINT

　高学年は低学年からの経験を生かして，自分らしい表現に合った描画材を自分で工夫して選べるようにしよう。教師は，描画材の特性を伝え，不安で思い切って線描できない子どもの支援をしよう。

15 1年生に個人絵の具の使い方を 徹底的に指導していた!?

「パレットのこの小さい部屋に絵の具を入れましょう」「広い所は色を混ぜる所です」と指導するのは，一般的には3年生です。3年生になれば，パレット上に必要な分量だけの絵の具をチューブから出したり，水で溶いたりする細かい作業ができます。

1 共同絵の具

1・2年生では共同絵の具を使います。共同絵の具とは，皿ごとに色が違う絵の具を水で溶いたもので，みんなで使う絵の具です。絵の具を自分の皿に取って使います。

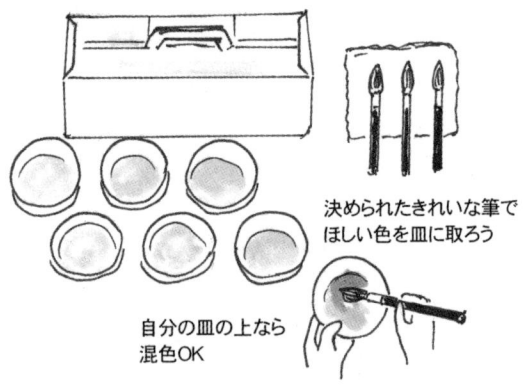

決められたきれいな筆で
ほしい色を皿に取ろう

自分の皿の上なら
混色OK

さらに取った絵の具に水を混ぜると，濃さを変えることができます。自分の皿の上では，違う色を混ぜて新しい色をつくることもできます。低学年の子どもには扱いやすい道具です。

皿なので，スポンジやタンポ等でスタンピングなどの表現がしやすいというよさもあります。いろいろな表現方法を試すことを低学年のうちにたくさん経験させるとよいです。

2 3年生で教えたい筆洗（水入れ）やパレットの使い方のポイント

　一般的には3年生で，個人の絵の具セットの使い方を学びます。その時の指導のポイントをイラストに示しました。これを覚えておくと，多様な表現が可能になります。覚えたことは後の学年でもずっと子どもの中で基本になりますので，きちんと教えます。

　これらの指導では，単に用具の使い方指導に終わらず，水の分量や筆の動かし方によってさらに表現が工夫できる，絵の具の面白さを実感できる題材につなげます。

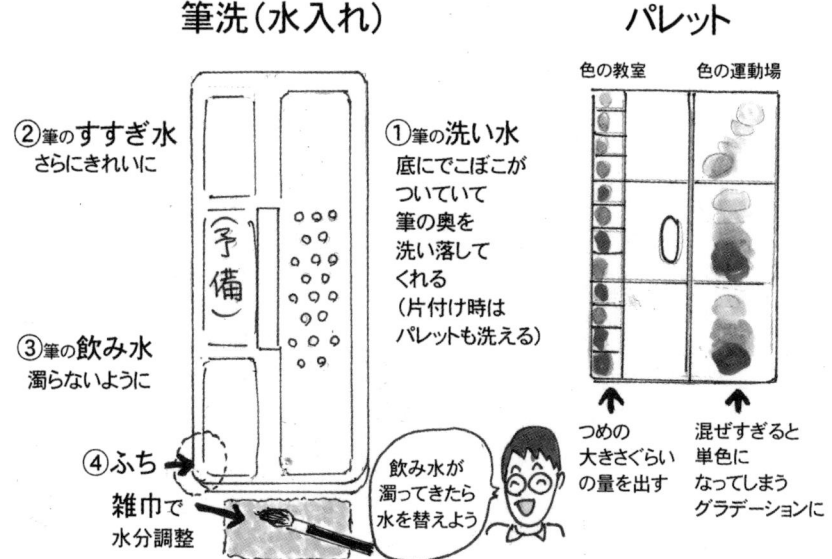

POINT

　1・2年生は共同絵の具，3年生からは個人の絵の具セットの使い方を指導しよう。特に，筆洗（水入れ）とパレットの使い方は表現につながるポイントがあるので，ポイントを押さえて指導しよう。

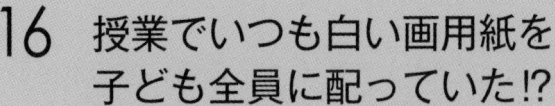

16 授業でいつも白い画用紙を 子ども全員に配っていた!?

絵の授業で使う画用紙はいつでも白と教師側が決めつけていたり，授業で色画用紙を使おうと思ったら，白しかなかったりしたことはありませんか。

1 色画用紙のまとめ買い

画用紙は題材ごとに準備するより，4月にまとめて買っておくのがよいです。何色かの四つ切り画用紙をまとめて買っておき，図画工作科以外の生活科や総合的な学習の時間，学級活動等でも使えるようにしておきます。図画工作科で，例えば飛行機や船，卵など白いものを描く時は，色画用紙があると便利です。

2 下地に色画用紙を使う効果

10（p.32）で述べたとおり，低学年ほど色画用紙をよく使います。しかし，上の学年でも，下地に色画用紙の色を効果的に使った表現をする場合があります。下地の色によってどんな感じになるかが視覚的に分かる資料を提示しておくと，子どもが自分の表現に合った色を選べます。資料は学校で図工主任が作成しておき，図工室に常備しておくのもよいでしょう。

＜下地の色によってどんな感じになるかが分かる資料の例＞

> **＜色画用紙と表現された世界の特徴＞**
> ・白→水彩絵の具そのものの色が鮮やかに仕上がる。
> ・薄クリーム→光が輝いている感じに仕上がる。
> ・薄水色→水の中，空の色に便利。空気感が漂う感じに仕上がる。
> ・薄黄緑色→草，森に便利。
> ・黒，紺→白を目立たせたい時，水が少なめの絵の具で描く時に。

　紙の色によって，絵の具と水の量の比率を変える等，表現方法も異なります。大切なことは，子どもがいろいろ試しながら色画用紙の効果を自身で実感することです。そのうえで，「こんな感じにしたい」という思いに合わせて，子ども自身が紙の色を選び，自分らしい表現を追求していくことを教師は支援します。

POINT

　色画用紙を４月にまとめ買いしておき，いつでも使えるようにしておこう。下地に色画用紙を使う効果を考えて，子どもが画用紙を選べるようにしよう。

17 言語活動を取り入れたら描く時間が 足りなくなった!?

　「話し合い活動は図画工作科でも大事だと思い，ある子どもの作品を1つ取り上げて，この後どうしたらよいかをみんなで考えて意見を言い合う授業を設定しました」という声を聞いたり，実際にそういう授業を観たりしたことがあります。問題は，この話し合い活動にかける時間配分です。

1 つくりたい気持ちと発想の広がり

　どんな教科でも，1つの活動を長時間行っているだけでは，子どもの集中力もなくなり，学びの深まりが得られません。図画工作科では，子どものつくりたい気持ちを我慢させ，つくる時間が足りなくなるまで話し合っていては，本末転倒です。子どもの「つくりたい！　描きたい！」という気持ちの高まりと発想の広がりとの両方のバランスが大事です。どちらかがしぼんでいる授業では，子どもが生き生きと表現し続けることができません。

2 言語活動のいろいろ

　「言語活動」という言葉は，学習指導要領の中で，どの教科でも大切にすべき活動として位置づけられた言葉です。図画工作科での言語活動には，「友達・先生との対話・言語化」「自己内対話・言語化」「素材や

題材との出合いで

T 紙をそうっと破いてみますよ
C ああああぁ〜
C ビリビリ音がした
T そうだね。色を変えてもう一度
C ああああぁ〜
C 今度のは細長いね
C 本当だ。ヘビみたい
T たくさん破いた紙を置いてみるとどうかな
C しましまきょうりゅうになった！
T 向きを変えてみると…

作品等との対話・言語化」等があります。大切なのは，この3つの対話・言語化が，バランスよく45分間の授業に配置されることです。「友達との対話・言語化」だけが，言語活動ではないのです。

発想で（ワークシート）	作品づくりの途中で

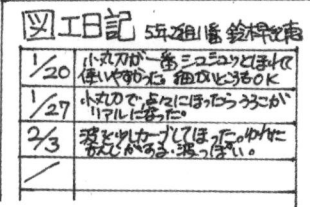

振り返りで	鑑賞で

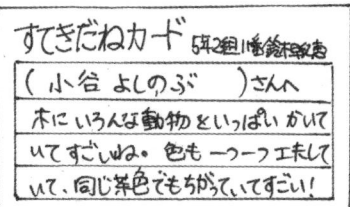

　どんな授業でも，教師はタイムキーパーとしての役割があります。45分間の中の時間配分，題材全体での時間配分をよく考えて，次の活動につながる言語活動を適切に取り入れましょう。

POINT

　言語活動は「友達・先生との対話・言語化」だけでなく，「自己内対話・言語化」「素材や作品等との対話・言語化」もバランスよく配置しよう。つくる時間を十分確保し，授業の目標が達成できるようにしよう。

　作品が完成したら，絵を見ながら，どんな絵なのか，工夫したことや頑張ったことは何かを書くようにします。題名も工夫するように声をかけます。

題名（　　　　　　　　　　　　　　　　　）	
年　　組　　番（　　　　　　　　　）	

　互いの絵を鑑賞し合う時に使います。「隣の友達の作品から見つけたすてき」「グループの友達の作品から見つけたすてき」「学級の中ですごいなあと思った絵のすてき」というようにどれにも使えます。１枚ももらえない子がいないように配慮しましょう。

（　　　　　　　　）さん　すてきだね	
年　　組　　番（　　　　　　　　）より	

Chapter 2

どうすればいいか
分かる！
場面別指導のコツ

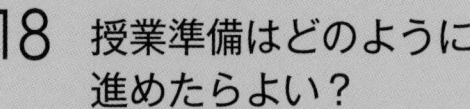

18 授業準備はどのように 進めたらよい？

授業準備はいつ頃から何をすればよいでしょうか。

1 授業準備のタイムテーブル

	教師	子ども
1か月前	・題材内容，必要な用具・材料について確認する。 ・学校で購入するものを注文する。 ・家庭で用意してもらうものを，学年通信等に記載する。	
2週間前	・子どもと教科書等で次の題材内容を確認する。通信に示した持ち物を用意したり，どんな絵にしようか考えたりしておくように伝える。	・教科書を持ち帰り，家庭で材料や用具を用意する。
1週間前	・教室背面の連絡黒板に，用意しておくものを伝え，教科書等を開いて見えるようにしておく。 ・試作して子どものつまずきを予想し，支援を考える。 ・大まかな題材の流れと日程の予定を立てる。	
授業直前	・板書，技法コーナー，材料コーナー，用具コーナーの中身や配置を考え準備する。 ・描きたいという思いが湧き，何をどう描くか発想できる導入を工夫する。 ・必要に応じてワークシートをつくる。 ・家庭でどれぐらい用意できたかを朝の会等で確認し，状況に合わせて材料コーナーや用具コーナーの数や量を決める。 ・板書や技法コーナー，用具コーナー，材料コーナーを設置する。	・どんな絵にしようか，教科書等を見ながら考える。 ・必要な用具，材料を持ってくる。

次の図工で、44ページにあるような きらきらした材料を使った「きらきらワールド」をやります 材料集めについて通信にも載せたから家の人にも協力してもらいましょう どんなワールドにするかも考えておきましょう

はあい!!

きらきらで使えそうだよこれ、どう?

あ、使えるかも！星みたいな形 宇宙ワールドにしようかなぁ

ねぇ、もう材料集めた？

集めたよチョコの銀紙とか

2 授業までの時間の有効活用

　表やイラストにあるように，授業までの時間を有効に使います。授業で必要なものを準備するだけでなく，発想の時間にもなります。

　通信や教科書，学習用タブレットを家でも見て，次の授業の話題を家庭でも広げられるようにします。

　教室では掲示連絡版を見て，友達同士の話題になるようにします。

　様々な仕掛けで図画工作科の授業の話題を提供し，授業を楽しみにする子どもたちや家庭をつくるとよいです。

POINT

　子どもの「材料・用具の準備時間」「発想する時間」が，十分確保できるように，１か月前から準備を始めよう。

　子どものつまずきを予想するのに，お勧めはちょっとでよいので教師自ら試作してみることです。「ここで重なるから大変だ」とか「絵に貼る材料によっては家庭の差が出る」等，支援すべき点に気づきます。時間がなければ，教科書等を開き，子どもたちの顔を思い浮かべながら，支援を具体化します。

　他教科でも，子どもの顔を思い浮かべて発言を予想し，板書計画を立てます。それと同じです。

　子どものつまずきを一つ一つ予想していく過程で，授業に要るもの，板書に書くもの，技法・用具・材料コーナーに入れるものが明確になっていきます。

52

付録⑦ ▶ 絵の具の混色とパレットの使い方

　中～高学年での絵の具を使った授業では，混色表を準備します。提示しておくと，子どもが進んでそれを参考にして混色を試みます。

　私が実際に授業で使っているのは，「よく使う色の混色例とパレットの使い方」と「混色表」です。

　混色では，二色が一色になるまで混ぜすぎず，グラデーションを残し，何色も使えるようにします。教師はパレットを見て回り，声かけをします。

　影をつけたい時やダークカラーにしたい時，暗くするには黒色と考えがちですが，黒色の代わりに茶色や藍色等を混ぜても暗い色がつくれます。

　絵の具で一通り着色した後，色鉛筆で細かい毛を描いたり，生き物の目玉を黒色のマジックペンで描いたりする等，工夫することもできます。

19 板書は授業でどのように 活用したらよい？

図画工作科でも板書は授業の交通整理の役目を果たします。

1 めあての書き方

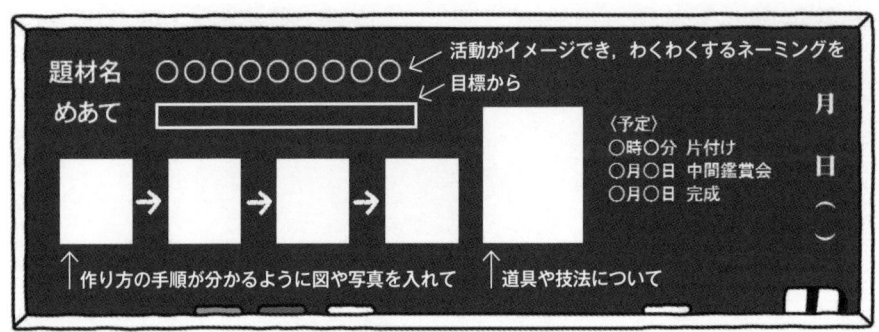

| 材料コーナー | 道具コーナー | 技法コーナー | 参考品コーナー |

　板書の中でも，「めあて」の明記はとりわけ重要です。図画工作科は，1つの題材が次週へ続く4～8時間完了の題材もあります。続きの授業の導入でも，その時間，多くの子どもが取り組む活動内容に関するめあてを立て，板書します。めあては授業終末に必ず板書を見て振り返り，自己評価させます。例えば，下のように授業の区切りごとにめあてを変えていきます。

＜板書に書くめあての例＞題材「運動会でがんばる自分をかこう」

1 どんな場面のどんな姿の自分をかくかを考えよう

2 力を入れ，がんばっていることが分かるように線描きしよう

3 力いっぱい演技する自分を画用紙いっぱいにかこう

4 色を工夫しながら，線が消えないようにていねいにぬろう

5 一つ一つの色やもよう，細かい部分を工夫しよう

6 自分や友達の絵のすてきなところを見つけよう

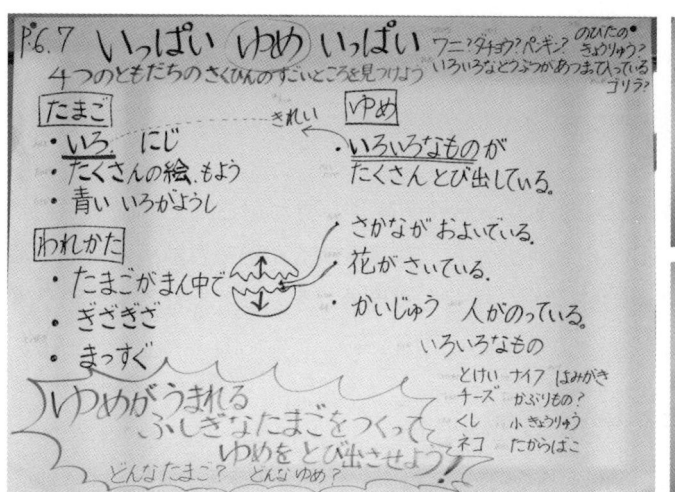

2 板書記録の活用

　題材との出合いで意見が出た発想アイデアの板書は，その後の授業でも支援になります。模造紙を使ったり，板書の写真を撮ってホワイトボードに写したりします。

　上の資料は，夢の卵を想像し合った板書を書き写して掲示したものです。卵の割れ方もいろいろ工夫できることを話し合いで学び合ったので，各自の絵も卵の割れ方に工夫が見られました。卵から飛び出してくる具体例に，魚，花，怪獣が挙がり，描く世界は水の中，地上，空等，時空も越えられるわくわく感をもてました。そのわくわく感を，描く活動になってからも思い起こすことができました。そして，「自分だったらどうしようかな？」と考えるきっかけになりました。板書記録の活用はお勧めです。

POINT

　板書には，めあて，発想のヒント，手順とポイント，技法・用具・材料についての知識・情報，活動の見通し（予定）を書こう。板書記録を，描く時の支援にも活用しよう。

20 いつ完成か，題材活動予定を子どもに示していない!?

　指導書には題材ごとに，「4～6時間完了」等と記されていますが，教科書には明記されていません。だから，作品をつくる子どもは，何時間で絵を完成させるのかを知りません。子どもが見通しをもって描けるように，常に板書にも示しておくことが大切です。

1　活動予定を示した板書例

　板書例にあるように，活動の予定は，「本時の予定」と「題材全体の予定」を板書しておくとよいです。子どもがいつでもさっとそれを見て活動の見通しをもてるように，板書の右端等，決まった位置にしておくとよいでしょう。予定を板書することで「先生，今日で完成？」と心配で聞いてくる子どももいなくなります。

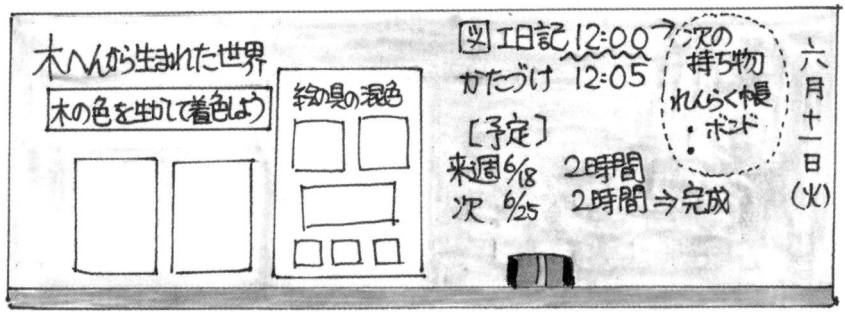

2　見通しをもち，論理的思考を働かせる図画工作科の活動

　図画工作科では，自立して生きていくための大切な能力をいろいろ育てます。その中の一つが，「見通しをもって進める力」です。期限に間に合うように取り組む力を，何度も失敗経験を重ねながらつけていく経験が，図画工作ではできます。

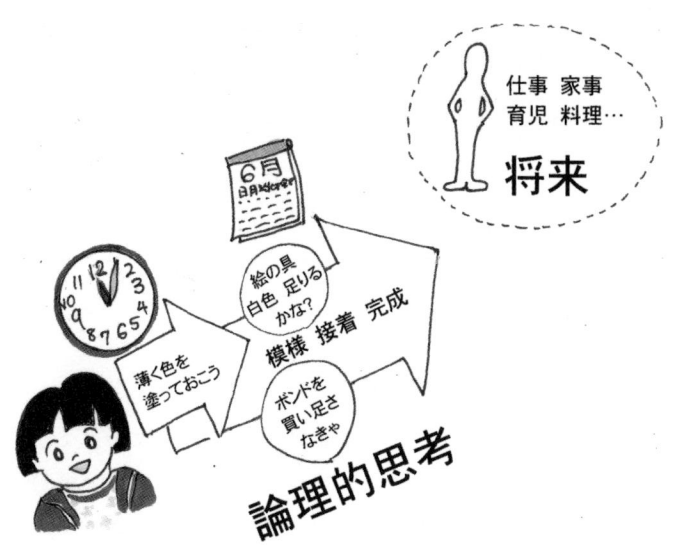

　将来子どもたちがどんな職業に就くにしろ，家事・育児・料理を行うにしろ，「見通しをもって進める力」は必要です。目標時刻までの手順を組み，時間を逆算して「こんなこともできるかも」と計画・実行する力は，生涯様々な場面で必要になることでしょう。また，失敗から「次はこうしよう」と別の方法を試す力も生きていくには必要です。

　これらの力は，論理的思考によって育まれ，今の教育の中でも育成が重要視されています。図画工作科での活動はまさにその論理的思考と試行錯誤の繰り返しです。

　題材の活動を見通せるように，予定をいつでも目に入る所に提示し，「見通しをもって進める力」を鍛えましょう。

POINT

　図画工作科を通して子どもに，見通しをもって進める力・論理的思考を育むことができる。これらの力が培われるように，題材活動の予定を板書に示そう。

21 用具や材料，支援に必要なコーナーを教室にどう配置する？

　様々な材料や用具がたくさん必要な題材では，どこに何を置くか迷います。「個人の持ち物」と「共同で使う用具・材料コーナー」「技法紹介コーナー」の配置についてポイントをお伝えします。

1 個人の持ち物

　机上が散乱し，はさみなどの危ない道具が紛れて怪我をすることがないようにします（カッターナイフは使う人数が少なければ，教師机の近くにコーナーを設置して，そこで落ち着いて使用させるほうが安全です）。

　家から持ってきた材料を自分で見える所に置けると，材料の色・形から発想することができます。散乱しないように透明なビニール袋や箱等を利用するのも手です。見えるように置くことが難しい時は，家から持ってきた物を一度机の上に広げて見る時間を設けるとよいです。

2 共同で使う用具・材料コーナー

　子どもの動線を考えた教室配置をします。子どもが持ってきたものだけでは不十分な場合があるので，学校でも材料や用具を準備しておきます。ルールやマナーを守って活用できるようにします。

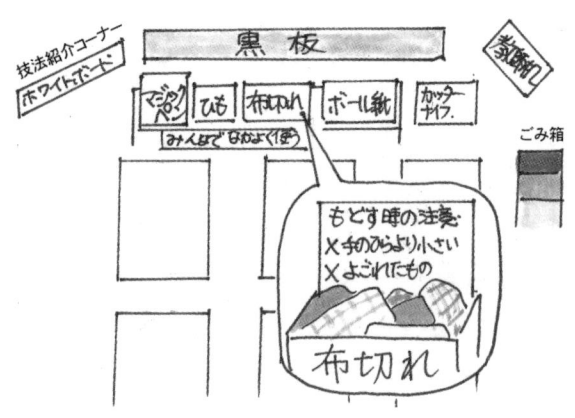

3 技法紹介コーナー

　「技法紹介コーナー」を用具の近くに配置しておくと，用具の使い方の工夫や発想の支援になります。

　活動前には，「技法紹介コーナー」を使って全体に向けて技法を紹介したり，使い方や片付け方のルールを伝えたりします。

　活動中は，子どもが表現に戸惑った時の個別支援に「技法紹介コーナー」を活用します。

　コーナーには，手順やコツ，「こんな方法もあるのか」と参考になる技法を視覚的に分かりやすく示します。教科書会社の掛図を利用するのも手軽です。学習用タブレットをコーナーに置いておき，そこで動画が見られるようにしておくのもよいでしょう。

> **POINT**
>
> 　用具・材料は子どもが用意するだけでなく，共同で使うものを学校でも準備しよう。「共同で使う用具・材料コーナー」「技法紹介コーナー」は，子どもの動線を考えて配置しよう。

22 　机の向き・隊形はどうしたらよい？

　図工室の机は，４人掛けなどの班編成になっています。互いの作品を見合えるので，それが支援になります。班で共用する道具・材料を机の中央に置くこともできます。教室で絵を描く場合は，どうしたらよいでしょうか。

1　机を合わせる班隊形の座席

　教室の机も４人の机を合わせることで，図工室と同じ効果を得られます。ただ，図工室と違って，４人の机の高さが異なる場合もあり，中央に共同の用具・材料を置きにくいのが難点です。

一人一人の机の間隔をとった隊形

2　机と机の間隔を開ける個人の座席

　絵の具を出す場合，友達の方に水や絵の具がかかったりしないように，班の隊形にはせず，机と机の間隔を十分にとって全員を前向きにする方法があります。落ち着いて自分の作品づくりに向き合うことができる座席です。友達の表現を見るという支援は，授業の中で時間を取って行うことになります。導入で見合ったり，描いている途中で行き詰まった時に，個別に声をかけて友達の作品を見る時間を取ったりするとよいです。

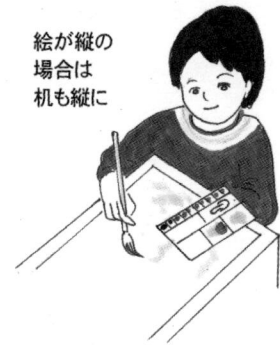

絵が縦の
場合は
机も縦に

絵の上に
物を
置かない

全体を
見ながら
進めるように
声をかける

3 個人の机で気をつけること

　絵の具を使う授業でよくあるのが，絵の上にアイデアスケッチや雑巾，パレット等がのっていて，絵の一部を隠している光景です。

　絵はいつでも全体を眺めながら描くように声をかけ，余分な用具で絵が隠れないようにします。絵の全体が見えていないと，一部分だけを塗り進めて，全体との調和が取れなくなりがちです。机の上に，画用紙と雑巾，水入れを置けるとよいのですが，画用紙が大きくて置けない場合，大きく机と机の間を取っていれば，床に水入れ等を置くこともできます。

　また，絵が縦の場合は，机の向きも縦にします。絵全体を眺めながら，のびのびと筆を運べるようにしておくと，線描にも勢いが出ます。

　他にも，床でのびのびとクレヨンなどで描く，外で土や落ち葉で描くなど，机にこだわらずに，題材に合った環境を設置するとよいです。

> **POINT**
>
> 　活動内容や子どもの実態に合わせて机の向き・隊形を決めよう。個人の机の向きは，紙の向きに合わせよう。用具等に隠れて机上の絵の，全体が見えなくならないように，教師は指導しよう。

23 導入ではどのように発問して めあてを引き出すの？

　題材との出合いの授業や活動の続きの授業の導入では，どんな演出や発問をしてめあてを引き出したらよいでしょうか。子どもたちの「描きたい！」という気持ちを高め，絵のイメージが膨らむ導入の例を紹介します。

1 生活の中で心に残っていることを絵に表す題材の導入での演出

　経験時のことや気持ちを子どもに思い出させ，絵に描く時の発想や視覚的支援になる資料を提示します。「運動会の絵」であれば，ビデオや写真，日記，運動会で使った道具等を見るのもよいです。「そういえばあの時こうだった！」と子どもの目

運動会のビデオ

が輝きはじめたら，人に伝えたい気持ちが高まってきたことのサインです。動画は，視覚と聴覚に訴えるので臨場感があり，心を動かしやすいです。「絵にする」という視点で，自分とその周りに何があり，それを画面にどう描くかを視覚的に捉えやすく，構想時の個別支援にも使えます。

運動会の写真をいくつか板書に使った例

2 想像して絵に描く題材のめあてを引き出す発問

　めあては，教科書にある題材なら，題材名近くに明記されていますので，参考にするとよいです。空想の花を描く題材を例に，仲間の発想から「自分だったらどんな形・色にしようかな？」とめあてをもつ展開例を示します。

＜題材との出合い（第1時間目）の授業での発問・めあて＞

Ｔ：ある時ある場所に，誰も見たことのないまぼろしの花が咲くそうです。どんな形や色，匂いかな。(板書：色，形，におい)

Ｃ：虹色の花だと思います。(板書：色…にじ色)

Ｃ：白からだんだん色が変わる花です。(板書：色…白→だんだん変わる)

Ｃ：形も変わると思います。花びらが丸い形からハートになるとか。
　　(板書：形…花びら・まる→ハート)

Ｃ：私は朝顔みたいにつるが伸びて，空まで届く巨大な花だと思います。あまい匂いがしてくる花。(板書：形…つる　空まで　におい…あまい)

Ｔ：色も形も匂いも，いろいろ考えられそうですね。自分だったらどんなまぼろしの花だと思うか，いろいろ想像して絵に描いて教えてください。
　　(板書：めあて まぼろしの花はどんな形や色かな？えがいてみよう)

　前時からの続きの授業でも，いきなり活動に入るのではなく，多くの子どもが行う活動に関する発問・めあてにします。

＜前時からの続きの授業での発問・めあて＞

Ｔ：これはＡさんの花の絵です。Ａさんもみんなも，花の色や形が描けてきました。今日は花の周りを描く人が多いと思います。Ａさんの図工日記には，「この花はいいにおいです」とありました。Ａさんは花の周りをどうしようか迷っているそうです。いいアイデアが浮かぶ人，いるかな？

Ｃ：周りにハチとかアリとか描いたら？　匂いに集まってきた感じで。

Ｃ：周りに匂いが広がっていく感じで絵の具をぼかしていったら？

Ｔ：いいですねえ。さあ，みんなも花の周りはどうする？
　　(板書：めあて まぼろしの花 の周りを工夫しよう)

　描きたい子どもの気持ちを考えて，導入時間は短くしましょう。

◀■ **POINT** ■

　導入では，子どもの心を動かし，参考になりそうな絵につながる形・色をたくさん提示できるように発問し，めあてを引き出そう。

24　どんなワークシートを用意したらよい？

　構想する力がつき始める中学年以上では，大きな画用紙に描く前にワークシートを用意して，イメージマップをつくったり，アイデアスケッチをしたりすることで，発想を豊かにすることができます。低学年では，思いついたことを伝え合ったり，様子を動作化したりして発想を膨らませ，のびのびと画用紙に描かせた方がよいので，ワークシートはあまり使いません。

1　導入で使う発想を引き出すワークシート

　絵のテーマにつながる出来事や様子，想像した形・色等，思いついたことを書き留めるワークシートです。書く前に，思いついた子に少し発表させて例を板書に示すとよいです。

　ワークシートは，「①思いつくままに書き留める」「②絵に表すものを選ぶ」「③画面構成する」という手順を踏むとその後の活動に生かしやすいです。

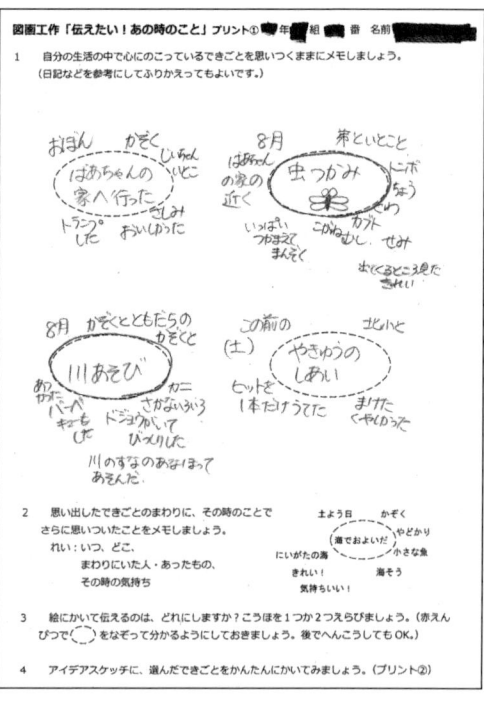

思いつくままに書き留め，絵に表すものを選ぶイメージマップ

絵に表すものが選べた
ら，絵に描いてみます。何
も印刷していない用紙をい
くつか用意しておくだけで
も構いません。ワークシー
トを見ながら描きます。

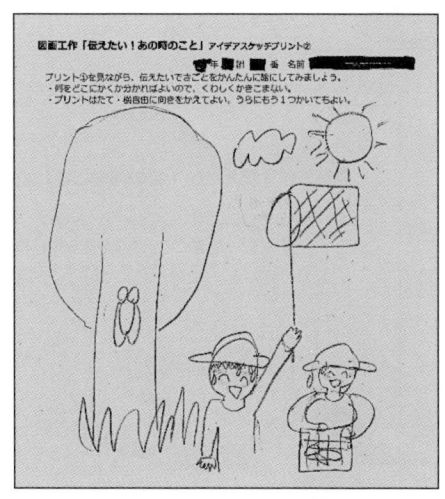

選んだものを絵に描いてみる（画面構成する）

2 授業終末で使う振り返りを書くワークシート

めあてや評価規準を参考
にした自己評価欄と，自分
の言葉で活動を振り返る図
工日記の欄があるとよいで
す。次の課題は何かを，子
どもが主体的に考えること
ができるので，次の授業の
導入でめあてを確認する時
にも使えます。

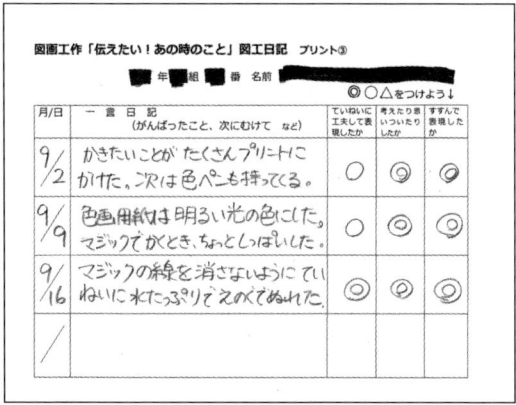

図工日記（振り返り）

図画工作「伝えたい！あの時のこと」 プリント① 年 組 番 名前

1 　自分の生活の中で心にのこっているできごとを思いつくままにメモしましょう。
　　（日記などを参考にしてふりかえってもよいです。）

2 　思い出したできごとのまわりに、その時のことで
　　さらに思いついたことをメモしましょう。
　　　れい：いつ、どこ、
　　　　　　まわりにいた人・あったもの、
　　　　　　その時の気持ち

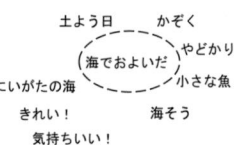

土よう日　かぞく
海でおよいだ　やどかり
にいがたの海　小さな魚
きれい！　海そう
気持ちいい！

3 　絵にかいて伝えるのは、どれにしますか？こうほを１つか２つえらびましょう。（赤えん
　　ぴつで◯をなぞって分かるようにしておきましょう。後でへんこうしても OK。）

4 　アイデアスケッチに、選んだできごとをかんたんにかいてみましょう。（プリント②）

図画工作「伝えたい！あの時のこと」 アイデアスケッチプリント②

年　　組　　番 名前

プリント①を見ながら、伝えたいできごとをかんたんに絵にしてみましょう。
・何をどこにかくか分かればよいので、くわしくかきこまない。
・プリントはたて・横自由に向きをかえてよい。うらにもう1つかいてもよい。

図画工作「伝えたい！あの時のこと」図工日記　プリント③

年　　組　　番 名前

◎ ○ △をつけよう↓

月/日	一　言　日　記 （がんばったこと、次にむけて　など）	ていねいに工夫して表現したか	考えたり思いついたりしたか	すすんで表現したか
／				
／				
／				
／				

25 描き出せない子どもに どう対応したらよい？

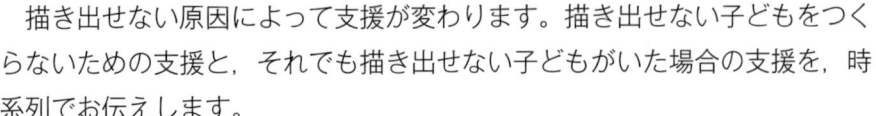

　描き出せない原因によって支援が変わります。描き出せない子どもをつくらないための支援と，それでも描き出せない子どもがいた場合の支援を，時系列でお伝えします。

	発想に関する原因の場合	知識・技能に関する原因の場合
授業前	・次の題材予告を早めに行い，通信などで家庭に知らせしたり教科書を家に持ち帰ったりして，発想する時間を確保する。 	・持ち物を通信などで早めに家庭へ知らせ，朝の会などで道具・材料の準備状況を確認したり題材の話題をあげたりする。 
授業導入	・題材のテーマに関する発問をし，思いついた子どもの考えを板書に整理し，発想のヒントを視覚的に分かりやすく提示する。 	・教室に，道具の使い方や技法を紹介するコーナーを設置する。導入で全体に紹介した後は，活動中に個別支援でも活用する。 

活動中	・机間指導で個別に声をかける。「〇〇さんは何が好きかな？」等，その子に合わせて対話し，子どもに語らせる。 ・語っているうちに描きたいものが思いつく子もいる。思いつかなければ，対話しながら候補をあげて選ばせたり，写真や本を見せたりしてじっくり自分の興味に向き合わせる。 	・描きたいものはあるが，それをどう描いたらよいか分からないでいたら，形や大きさを尋ねると，それに答えようと描き出す場合がある。 ・それでも描き出せなければ，学習用タブレットで参考写真を示してやったり，一度指描きさせてみたりする。 ・失敗してもまだ紙はたくさんあると伝えると心配が消える子もいる。 
活動後	・「描くものを見つけようと頑張る姿が二重丸だったね」等と，学びに向かう姿勢を褒めて認める。	・「『これはどうかな？』といろいろ考えて挑戦していて感心したよ」等と，努力を認める声かけをする。

絵が苦手な子どもにとっては，参考作品等を真似することが描き出せるきっかけになる場合もあります。真似は絶対だめなのではなく，その人の手で描けばコピーとは違い，その人らしさが自然に線や色に表現されるものです。さらに，その人らしいものをその後，描き加えていけばよいのです。最初から真っ白な紙に独自性を求めすぎることなく，おおらかな気持ちで子どもを支援しましょう。後の題材で描けるようになってくるかもしれませんから。

POINT

子どもとの対話から，描き出せない原因を見つけて支援しよう。

26 画用紙への下描きはどこまでさせる？

　四つ切り画用紙を前に子どもが，「鉛筆で下描きしてもいいですか？」と聞いてくることがあります。14（p.40）で，鉛筆で描いたものが小さすぎて，絵の具で塗れなくなった失敗例をお伝えしました。ここでは，画用紙への下描きまでに行う支援と，下描きの時の指導のポイントをお伝えします。

1　描くものの形・色が分かる資料の提示

　参考になる写真や実物等を教室に提示して絵の世界観をつくったり，学習用タブレットで見られるようにしたりしておきます。

2　アイデアスケッチ等を事前に描く時間の確保

　アイデアスケッチの段階で実物や写真を参考に試し描きをすると慣れてきます。時間がなければ，家庭学習で描いてくるようにしてもよいでしょう。学習用タブレットのお絵かきソフトを用いて簡単に構想を練るのも手です。

3　画用紙への指描き

　「ここにこんな感じで描こう」と指描きすると大体の大小関係を捉えて構想できます。位置関係が難しい時には，「一番描きたいものは，パーの手のひらサイズでどこに描くか手を置いてごらん。次に描きたいものはグーでどこに描くか置いてごらん」と声かけしてから，そこへ指描きさせるのも有効です。

4 鉛筆で描くのは大まかな形だけ

　細かく鉛筆で描くと，小さくなって
しまいます。指描きをしたうえで，
「鉛筆描きは，大体の大きさや形が分
かる程度で」と声かけをします。私は
よく「鉛筆は適当描きにして，細かく
描く時間とエネルギーは，後に取って
おこう」と声かけします。

　さらに大事な声かけは，「勝負をか
けて，心を込めて描いた線は生きてい

る」「変になってしまったと思っても，描き込んでみると意外にその変だと
思ったところが動きのあるおもしろい絵になる」の２つです。９年間の義務
教育の間，指導者がぜひ伝え続けてほしい魔法の言葉です。「心を込めてこ
こぞという時には集中してやる」「その時は失敗や不幸だと思っても俯瞰的
に捉えれば後々その失敗が生きてくる」等，生き方を鍛えられます。

5 画用紙の裏や予備の用意

　失敗しても描ける紙があると分かっただけで，安心して描ける子もいま
す。予備の画用紙に手を出した子も，いつか予備の画用紙が必要なくなる日
が来ます。長い目で見て対応しましょう。

POINT

　画用紙に描くまでに，資料準備や指描きの支援を行おう。画用紙への鉛
筆の下描きは大まかに描かせよう。「勝負をかけて，心を込めて描いた線は
生きている」「変になってしまったと思っても，描き込んでみると意外にそ
の変だと思ったところが動きのあるおもしろい絵になる」と声をかけ続け
よう。

---

27 大きく描かせたいのに，小さくなってしまう!?

　先の26（p.70）や14（p.40）でお伝えしてきたことをきちんと積み重ねれば，子どもは画用紙にのびのびと描けるようになります。

　絵は何でも大きく描けた方がいいというものではありませんが，のびのびと描きたいのに描けないことは問題です。今一度，のびのびと大きく描かせるためのポイントを提示しますので，チェックしてみてください。特に各校の図工主任の先生は，学校全体でできているかどうかを確認し，子どもたちが確実に学びを積み重ねられるように校内の絵を観て回るとよいです。

＜のびのび描ける11のポイント＞

□学年初めの好きなものを描く題材，
　クレヨンや筆を持つ手を大きく動か
　してできた形・色の面白さを味わう
　題材を大事にしている

□四つ切り画用紙など，大きな紙を用
　意している

□子どもが対象物を「描きたい」と強
　く思いをもつように，導入等で工夫
　している

□描く時の色・形の参考になる写真・実物等の資料を準備している

□低学年では，動作化を取り入れ，描く形を体感したり，描く対象への思い
　を高めたりしている

□中・高学年では，画面構成を考え，試し描きできるアイデアスケッチ用紙
　を準備している

□画面構成を考えるのに，手のひら等で位置を取ったり，指描きしたり，別紙に描いてから画用紙上で構成したりするなど工夫している

□描画材は子どもの実態に合っている（線描は先の細い鉛筆で描くとどうしても絵が小さくなる。鉛筆は位置取りに使用）

□「絵で一番伝えたいところはどんなこと？」と事前にやり取りし，「それならその鋭い目や口から描き始めても迫力が出るかも。この紙に試し描きしてみる？」等，個別指導を大事にしている（一律に「足から描きましょう」「目から描きましょう」ではなく，個別の思いに合わせて支援する）

□「勝負をかけて，心を込めて描いた線は生きている」「変になってしまったと思っても，描き込んでみると意外にその変だと思ったところが動きのあるおもしろい絵になる」と声かけしている

□「小さく描くと，後で絵の具を塗り分けるのに細かくて大変になるよ」と絵の具着色時の見通しをもたせる声をかけている

　日頃からこのような授業を積み重ねていけば，子どもは自分の意志できっとのびのびと描けるようになるでしょう。

POINT

　ローマは一日にして成らず。クレヨンや筆を持つ手を大きく動かしてできた形・色の面白さを味わう題材を大事にし，子どもがどんなふうに描くか，イメージがもてるように支援しよう。

28 太筆・細筆のどちらを子どもが使っているかを見ていなかった!?

　子どもたちが絵の具セットを出して描き始める時，太筆と細筆，どちらの筆をまず使っていますか？　それを教師はきちんと見守っていますか？

　基本的には，まず太筆で着色し，仕上げに向かうほど細筆を使用します。中には，何も考えずに細筆で着色し始める子もいますので指導が必要です。

1　太筆から使うとよい理由

　太筆は一度にたくさんの面積が塗れるので，描きたい思いが冷めないうちに画面全体の世界観をつくることができます。全体の画面構成を考えながら着色できます。細筆から塗ると，一点ばかりに目が行き，全体をバランスよく見ることを忘れがちになります。

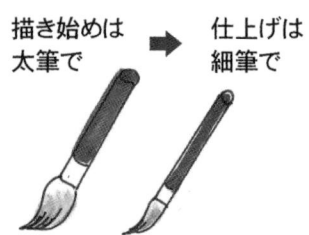

描き始めは太筆で　➡　仕上げは細筆で

圧力が集中する細筆で何度もこすられると紙がダメージを受けるので注意

　また，圧力が集中する細筆で何度も紙をこすると，紙は摩擦によるダメージを受けます。紙が傷むと，その部分の上には線描や着色がしにくくなります。ひどいと穴が開きます。

2　筆跡

　子どもたちの筆の動かし方はどうでしょうか。「色・形遊び」の題材で得た技法を活用しているでしょうか。筆跡を残すのか残さないのかを，高学年になるほど考えさせたいものです。

　筆の動かし方の違いによって様々な筆跡が残せます。縦，横，点描，かすれ，ぼかし，にじみ……，自分の表したいことに合わせて，筆の動きを工夫させます。

3　仕上げ技の例

　絵の具が乾けば，上から細筆やマジックペンで模様を描いたり，タンポやスパッタリング等で質感を出したりすることもできます。使いたい子どもがいつでも使えるように，準備しておきましょう。これらの技法は，遊びや実験のような感覚で色を重ねられるので，友達が楽しそうにやっているのを見て，「完成だと思ったけど自分もやってみよう」という子どもが出てきます。

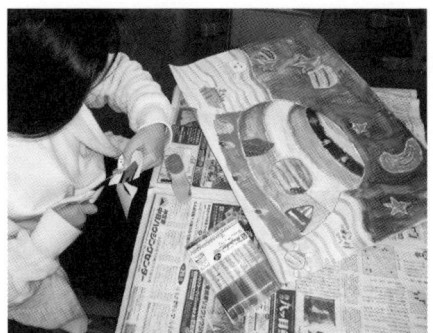
貼り絵で仕上げ

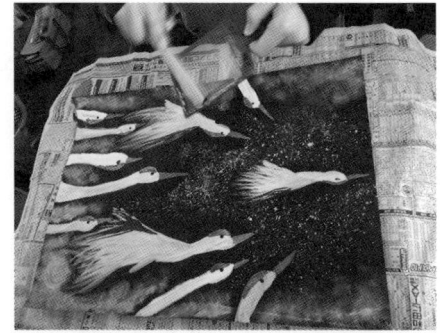
スパッタリングで仕上げ

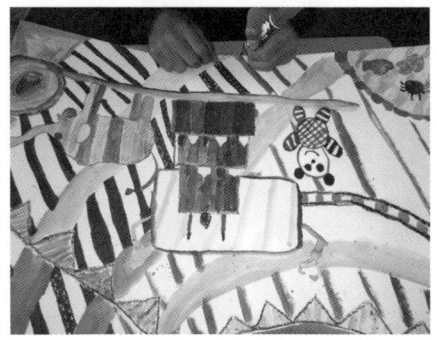
ペンによる模様描きで仕上げ

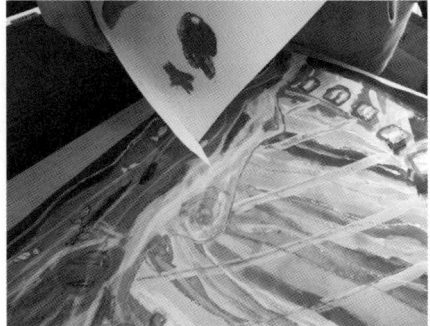
水糊とチョークの粉で仕上げ

> **POINT**
>
> 　基本的には，描き始めは「太筆」，仕上げは「細筆」を使うよう見守ろう。筆の動かし方や筆以外のものを使った技法も工夫できるようにしよう。

29 線描はのびのびしているのに，
絵の具で絵がダメになる!?

　「絵の具を使い始めたらせっかく描いた線が見えなくなって何が描かれていたのか分からなくなってしまった」という子どもはいませんか？　クレヨンなら絵の具をはじきますが，他の描画材はこういうことが起きやすいです。
　「とっても生き生きとした線で描けているから，この線ができるだけ消えないようにしたいね」とまず褒めてから，
次のような支援をします。

1　水の分量の工夫

　白や淡い色画用紙なら，絵の具に混ぜる
水の量を増やして絵の具を薄め，線描が透
けて見えるようにできます。線の上に絵の
具がかかっても，線は消えません。ただし，
水が多いと筆から絵の具が垂れてきたり，
絵が乾くのに時間がかかったりします。タ
オルで筆の水分調節をしてから絵の具をつ
けることや，乾かないうちにすぐ隣の部分
を着色しないことを指導します。

2　絵の具の置き方の工夫

　「描いた線をくっきり残したい時は，線の上に絵の具がかからないようにしましょう。線の内側や外側に絵の具を置いていくと線は消えないですよ」と助言する方法もあります。「絵の具で塗る」ではなく「絵の具を置く」と表現した方が，ストロークによるはみ出しが少なくなります。もちろん，はみ出してしまった箇所があっても気にしないように声かけをします。

3 絵の具のはがし方

　絵の具は一度のせたらはがせないと思っている人がいますが，紙が破れない限り，はがしてやり直せます。どうしても着色をはがしたい時は，水をたっぷりその部分にのせて紙に吸わせ，上から乾いた布で押して色を吸い取ります。色が少し残っていても，それが影になって深みを増す場合もあるので，気にしないように声をかけます。そして完全に乾いてからやり直しをさせます。

水をたっぷり
のせる

絵の具が
浮き上がってくる

布やティッシュを押し付ける

絵の具が吸い取られる

乾いたら着色し直す

元の色が少し残っていても
影のように見え深みが出る

4 その子の絵に合った道具の使い分け

　絵の中の全てを絵の具で着色しなければならない理由はありません。特に，細かい所は部分的に，色ペンやクレヨン，色鉛筆を使ってもかまわないことを，授業の導入や板書，道具・技法コーナー等で伝えておくとよいです。どの子も最後まで生き生きと自分らしく描けるように，教師は一人一人に合った支援をします。

> **POINT**
>
> 　絵の具で線描が見えなくならないように，水の量を多くして淡い色の絵の具にしたり，描線の上に絵の具をのせないようにしたりする方法を子どもに紹介しよう。絵の具のはがし方や絵の具以外の着色方法も紹介しよう。

30 学習用タブレット，ICT は図画工作科でどう活用するの？

　子ども一人一人に学習用タブレットがあることで，個に応じて知りたいことを調べたり，作品づくりや鑑賞に使ったりできるようになりました。

1 参考資料の提示

　学習用タブレットに参考資料をあらかじめストックしておいたり，キーワードで検索したりすれば，参考にしたい形や色を個に応じて手元で見られます。机上で絵の横に置いて見ることができるので，形や色が参考にしやすく便利です。インターネット使用に際してはルールを守り，参考作品や写真の模写に終わらず，自分らしさを工夫するように声かけしましょう。

2 動画活用

　教科書にある QR コードや教育番組の図画工作の動画等，学習用タブレットから利用できるものがあります。授業の導入や次の授業の予告，教師の授業研究にも活用できます。また，動画は必要に応じて何度でも再生して見ることができるので，個別支援にも有効です。

3 形・色の画面構成

　画面上に図形や画像等をいろいろ配置し，画面構成を考えるのにも使えます。形や色，向きや組み合わせ方を手軽に試すことができ，自分では思いつかなかった意外な構成もできます。また，「ビスケット」などのお絵かきソフトでは，好きな色を選択してオリジナルの形を描くこともできます。

版画下絵の例

4 鑑賞での活用

　互いの作品を鑑賞し合う活動で
も，学習用タブレットは便利です。
授業の導入では，席を立たずに手短
に前時までの作品を見合うことがで
きるので，時間をかけずに本時の課
題を引き出すことができます。授業
終末の鑑賞では，みんなの作品を写
真やコメントで観てから実物の作品
を観たり，観た後に自席で確認した
りできます。

発表ノートを活用して鑑賞し合う

　右上は，色水と容器を使って構成
し，見つけた「きれい」を写真にす
る5年生の題材です。スカイメニュ
ーの発表ノートやロイロノート等を
使うと，皆の写真作品や作者のコメ
ントを自席で観ることができます。

教材アプリ「KOMA KOMA ×日文」

写真を印刷しなくてよいので，リアルな色で手早く鑑賞し合えます。

5 教材アプリの利用

　教科書会社などが作成している教材アプリも活用することができます。写
真のように，アニメーションづくりでは，こま撮り，再生，編集が簡単に，
何度でも気軽に試せます。

> **POINT**
>
> 　学習用タブレット，ICT は，参考資料の提示や動画活用，形・色の構成，
> 鑑賞，教材アプリ使用等，幅広く活用しよう。

31 絵の評価は何を基にどのように 評価したらよいの？

「絵の評価って，見る人によって違うから分からない」「絵を見るセンスが自分にはないから，評価にも自信がない」という声を聞きます。

1 観点別の評価

図画工作科での絵の評価は，上手いか下手か，芸術的かどうかではありません。評価規準を基に観点別に評価すればよいのです。「評価規準って，指導書等にもついているんだけど，言葉が難しい」という声も聞きます。

そこでお勧めは，教科書にある題材であれば，題材名の近くに記載されている「学習のめあて」を評価に使うことです。教科書の言葉は子ども向けですから，言葉が難しいということはありません。これに評価規準を照らし合わせれば，具体的に何を見て評価すればよいかが分かりやすくなります。

	ふりかえり	◎ ○ △
知識・技能	６月にある形や色のかんじを見つけ，あらわし方をくふうしましたか	
思考・判断・表現	見つけたものやことをもとに，あらわしたいことを考えましたか	
主体的に学習に取り組む態度	見つけた「６月」から思いを広げて，絵にあらわすことを楽しみましたか	

「学習のめあて」を生かしてつくったふりかえりシートの自己評価

2 評価の実際

自己評価と図工日記が書けるふりかえりシートを用意します。これがあると，子どもがどこにこだわり，どう表現を工夫したかが分かりやすくなり，教師も見る視点が定まるので，評価しやすくなります。

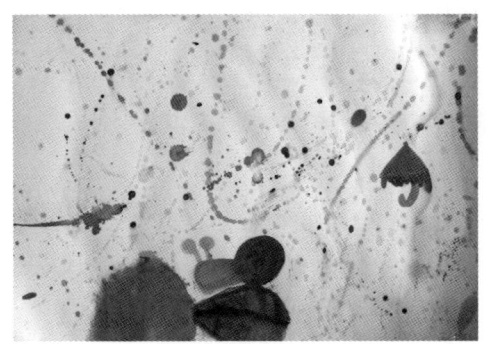

わたしが見つけた6月

知識・技能 技法（ドリッピング）を駆使して雨を表現しています。色も水の量や混色で工夫しています。筆の動きもリズミカルにカーブを描き，雨の散歩を楽しむかのようです。あらわし方を工夫しています。

思考・判断・表現 「雨」は粒が跳ねている感じ，「傘」はカラフルな色合い，「アジサイ」は雨に煙っている様子，その雨を喜ぶようにやってきたかわいい「カタツムリ」と，「あらわしたいこと」を考えています。

主体的に学習に取り組む態度 見つけた，梅雨に関わることを，技法を試しながら集中して描きました。絵にあらわすことを楽しんだかどうかは，自己評価だけでなく，描いている時の子どもの姿を教師がよく観察して評価します。楽しんでいない子どもは，他のことに興味がいくので分かりやすいはずです。

　このように，子どもの描く様子をよく観察し，子どもが何にこだわって工夫したかを評価します。考えたり描いたりするのに時間がかかる子どももいるので，あまり短いスパンで評価することは避けます。一方で，子どもに「何時間で〇〇を完成」と見通しを示すことも忘れないようにしましょう。

POINT
　評価は，評価規準と観点別の「学習のめあて」を基に，子どもの描く様子をよく観察し，自己評価や図工日記を参考にして視点を定めて評価しよう。

32 通知表の文は，何をどのように評価して書けば，保護者にも分かりやすくなるの？

通知表や指導要録に図画工作科の評価を記載するのに，子ども一人一人の授業での姿や絵の表現の記録を補助簿に残しておくと役立ちます。

1 評価のタイミング

完成作品だけで評価せず，描く過程でその子どもが何を根気よく試し，追求していたかを評価します。「題材目標」「観点別めあて」「評価規準」に合わせ，際立った子どもの姿や表現の記録をメモや写真で残しておきます。

2 評価の具体例

例えば，集めた材料の形や色，触った感じから思いついたことを絵に表す題材（2年生）では，次のようになります。

<題材目標>
材料の形や色，触った感じなどを捉えて生かし，材料を並べたり重ねたりなどしながら表したいことを思いつき，表し方を工夫して絵に表す。

<観点別めあて>
材料に触りながら，表したいことを考える。

<評価規準>
思考・判断・表現：いろいろな形や色，触った感じなどを基に，自分のイメージをもちながら，いろいろな材料に触れて感じたこと，想像したことから，表したいことを見つけ，好きな形や色を選んだり，いろいろな形や色を考えたりしながら，どのように表すかについて考えている。

<子どもの姿>
　2つの透明なカップに木の実を入れたら，目玉がぐるぐる動いているみたい！　そうだ，絵でもこれを目玉に使おう。ふわふわな茶色の毛糸がたくさんあるな。目が動く生き物は，クマにしよう。

┌─────────────┐　　　　　　　┌─────┐
│ 図工日記・自己評価 │ │ 作品 │
└─────────────┘　　　　　　　└─────┘

<通知表文>
　図画工作科「ざいりょうからひらめき」の学習では，2つの透明カップに木の実を入れて動かしているうちに，目玉が動くクマを絵にすることを思いつきました。茶色の毛糸や布を使って，クマのふさふさした毛を表現するなど，工夫することができました。

3　記録の仕方

　子どもの姿の記録には，補助簿へのメモ，写真・動画撮影が有効です。
　補助簿への記録は観点別に点数化して記入し，その横に顕著な姿をメモしておきます。観点別の点数を累積して高かった観点について，そのメモを参考にすると，観点別評価と整合性の取れた通知表の文が書けます。
　授業の様子の写真・動画は，学習用タブレットで撮っておけば，授業の導入や振り返りで子どもと共に見ることができて便利です。それを評価にも使用します。子どもの生き生きとした姿を見るのは教師として楽しい時間となることでしょう。通知表の文を考える苦痛も和らぐのではないでしょうか。

POINT

　完成作品だけでなく，描く過程で際立った子どもの姿や表現を記録しておこう。通知表は，観点別評価の高得点の根拠の具体例を記録から取り上げて，保護者に分かりやすい言葉で書こう。

マークの見方

知技　知識・技能
思判表　思考・判断・表現
主態　主体的に学習に取り組む態度

主態　図画工作「すきなもの　み～つけた！」の題材では，自分の好きなものや好きなことをどんどん思い浮かべて，画用紙にたくさん描くことができました。

思判表　自分の知っている乗り物だけでなく，「こんな乗り物があったらいいな」と，自分で考えた乗り物をカラフルな配色で描きました。

知技　図画工作「ビリビリやぶいて　くるくる　ぺったん」の題材では，紙が破れる感触を味わい，やぶいた紙の形を様々な角度から見て，形のおもしろさを見つけました。

思判表　図画工作「ぺったん　ぺったん　いろいろワールド」の題材では，段ボールを丸めたスタンプの大きさや色を変えるなど，表現を工夫しました。

知技　図画工作「力いっぱいがんばった運動会」の題材では，手足をぐっと伸ばして元気に踊った自分を，画面いっぱいにのびのびと描きました。運動会の日の青空を，絵の具と水の分量を工夫しながら表現しました。

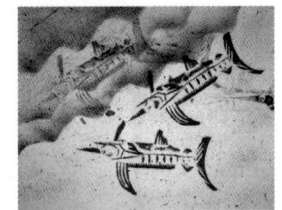

思判表　図画工作「でこぼこをつくってうつそう！　紙版画」の題材では，魚のひれや鱗の模様を工夫しました。版の向きを変えていくつも刷ることで，水の中の魚の動きを表現することができました。

1年 クレヨン・パス，コンテ・パステル，色鉛筆，ペン，絵の具
クレヨンの持ち方　ティッシュでこする表し方，スタンピング

2年 クレヨン・パスでひっかいて描く，点を打って描く
絵の具と筆で点描，力を入れたり抜いたりして描く
薄めの絵の具で描く

3年 絵の具を使って絵筆で線描する

4年 絵の具を使ったドリッピング，スパッタリング，デカルコマニー，吹き流し，マーブリング

5年 鉛筆の様々な表現方法

6年 墨と筆

スパッタリング

吹き流し

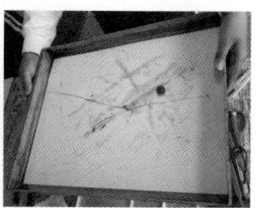
ドリッピング

スタンピング

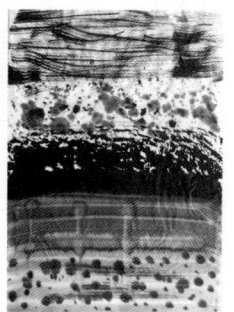
墨と筆

33 鑑賞する活動は授業の中のどこで どのように行ったらよい？

　鑑賞には，大きく２つの活動があります。１つは，教科書の目次にも領域として「鑑賞する活動」と明記されている活動です。もう１つは，絵・立体・工作・造形遊びの領域での鑑賞活動です。

1　鑑賞する活動 （指導要領「B　鑑賞」）

　「鑑賞する活動」は，色や形に対する感性を育てる大切な活動として，他の領域との関連性が強く，一年間を通してだけでなく，下のように学年間で系統的に学びをつなげて計画されています。

1年　造形遊び
「カラフルいろみず」

3年　絵に表す
「絵のぐ＋水＋ふで
＝いいかんじ！」

5年　鑑賞
「水から発見
ここきれい！」

地元の和紙作家の作品をお借りしたり，
お招きしたりした

地元の美術館の学習用プログラムを使
って，対話型鑑賞を実施した

また，鑑賞する活動でぜひ取り入れたいのが，地域の作家や美術館との連携です。作家や美術館の方に来校いただいたり，美術館に行ったりすることです。キャリア教育にもなり，本物の作品に出合って感じる体験は，何物にも代えがたい大きな学びがあります。地域に育つ子どもたちを地域の宝に出合わせ，写真では味わえない実物のもつサイズ感や素材感，立体感を通して美を体感させたいものです。バーチャルな体験が多くなってきている昨今，実物の芸術との出合いを通して，子どもたちの感性を磨きたいと願います。それが難しい場合は，学習用タブレットで写真・動画鑑賞したり，アートカードを使ったりします。「いつか美術館へも行けるとよいですね」と子どもたちに語り，生涯を通じて美術を愛する人間を育てていきましょう。

2　表現の領域の中の鑑賞活動

　表現の領域では，「表現と鑑賞の一体化」という言葉があるように，「つくる」と「観る」は常に子どもの心と脳の中でリンクし合います。
　表現の途中の中間鑑賞では「その後の表現や発想に生かす」，できあがった作品からは「それぞれの表現のよさを見つける」というように，目標に合わせて計画的に題材構成します。図画工作科の場合，夢中になって表現している手を止めさせるのはよくないので，授業の導入や終末に鑑賞する活動を取り入れるとよいです。

POINT

　「鑑賞する活動」領域も，縦・横の学びのつながりがあるので題材をきちんと行うようにしよう。地域にも目を向け，連携する等，工夫しよう。表現の領域では，授業の導入で中間鑑賞を行い，その後の表現や発想に生かしたり，授業終末にそれぞれの表現のよさを見つけたりしよう。

34 「もう描けた」と言ってきた子に どう声をかける？

「まだ白い所が残っているじゃない。もっとここ，描きなさい」とつい言いたくなるかもしれません。でもこれでは主体的ではないし，子どもの表情も冴えません。「こうしなさい」という命令や，筆を取り上げて先生が描くなんてことがあってはなりません。

1 「もう描けた」と言ってくる前に打っておくとよい手立て

活動の過程別に要因を左側に示し，改善策の例を右側に示しました。

アイデアスケッチや下描きの段階で集中力を使い果たすほど細かく描いてしまっている。		画用紙に線描・着色する時のために集中力を温存させる。アイデアスケッチや下描きはおおまかに描くように声かけする。
どこを描き足したらよいか，一人では思いつかない。		仲間の絵や実物・写真，技法等をいつでも子どもが見れるようにする。やることを見つけ活動し出したら褒める。
導入の時間を取らず，授業開始からすぐ描き始めている。		導入や振り返り時間を取り，仲間や参考作品を見合って，もっとこうするといいのではないかというアイデアを考え合う時間をとる。
前時の授業終末に，活動の振り返りをしていない。		図工日記や自己評価を書く活動を片付け前に行い，次時の活動の課題を明確にしておく。

2 「もう描けた」と言ってきた時の支援の例

子どもが「描けた」と言ってきたら，絵を見ながら子どもと対話します。

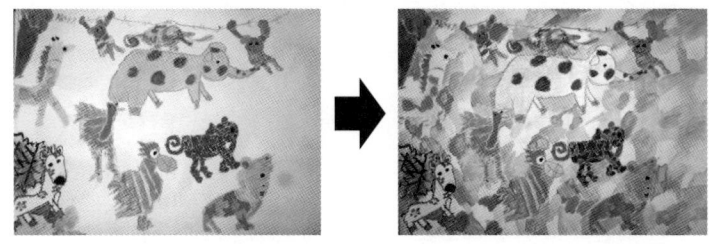

「もっとこうしてみようかな」と工夫を思いついた子どもを賞賛

　絵が乾いていれば，絵を黒板に貼って，少し離れて眺めるとよいです。

　対話のはじめは，「わあ，ここ，細かく色分けしていてすごいね」等と，まず褒めます。子どもはニコッとして，褒められた絵を見ます。これだけで，「あ！　やっぱり，もっとこうしてみようかな」と思いつく子もいます。

　褒めた後，次にどう描くか自分では思いつかない子には，どんな絵なのか子ども自身に少し語らせるとよいです。「どんなところを描いたの？」「そうなんだ。いろんな動物が楽しそうにしているんだね」等と，対話する中で，「あ，いろんな色でいっぱいにしようかな」と，思いつく子もいます。

　板書や技法コーナー，仲間の絵や参考作品，実物やインターネット資料等をゆっくり見て過ごすように声かけするのも手です。机間指導で教師が他の子の絵を見て「すごいね，Ａさん。生き物がいっぱい」等と描けた子にも聞こえるように言います。褒められた絵を見に来た子どもは「そうか，僕はここにカニを描いてみようかな」等と思いつきます。描き出したらそれを教師は逃さず，「Ｂさんは〜を思いついたんだ！　へえ」と感心してみせます。

　日頃から「『一通り描けた！』と思った所からが大事。どんな工夫で進化するか楽しみ」と教師が口癖のように言っておくと，子どもにも浸透します。

35 絵を展示する時に気をつけることは どんなこと？

　展示には，「友達や自分の絵を鑑賞する」「自分の表現が人に伝えられる喜びを得る」等のねらいがあります。育てたいのは，どんな絵にもよさがあり，違いを認め合う心です。どのように展示したら効果的でしょうか。

1　展示で気をつけたいこと

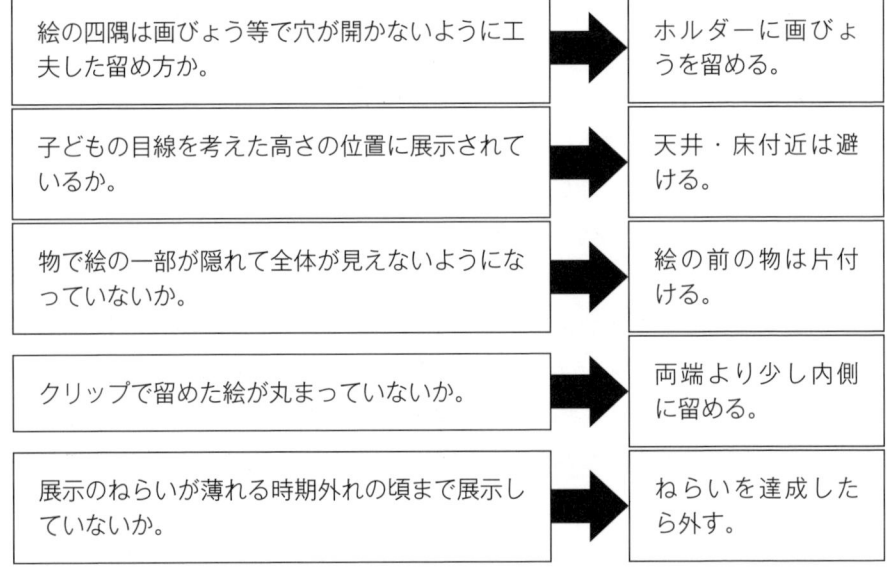

絵の四隅は画びょう等で穴が開かないように工夫した留め方か。	ホルダーに画びょうを留める。
子どもの目線を考えた高さの位置に展示されているか。	天井・床付近は避ける。
物で絵の一部が隠れて全体が見えないようになっていないか。	絵の前の物は片付ける。
クリップで留めた絵が丸まっていないか。	両端より少し内側に留める。
展示のねらいが薄れる時期外れの頃まで展示していないか。	ねらいを達成したら外す。

2　鑑賞者と展示用名札

　展示は，自分たちだけでなく，多くの人に見てもらえるようにします。保護者が来校する行事に合わせたり，他学年にも伝えたりするとよいです。
　展示用名札は，誤字脱字がないように点検します。名札には，「絵の題名」「名前」，スペースがあれば「工夫したところや絵についてのコメント」

があると鑑賞者の参考になります。名札が縦に大きすぎるとクリップの大きさ以上になり，下に飾る絵の邪魔になるのでサイズには気をつけます。

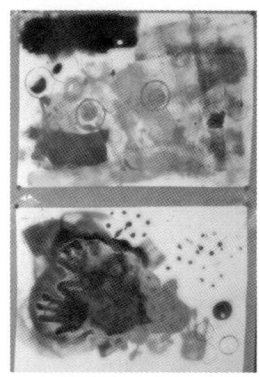

角は紙やビニールを曲げた
ホルダーでとめる

上段はボール紙の帯を画びょうで刺しておき，そこからツーダンクリップでとめる

3 展示のちょっとしたコツ

　一枚一枚の絵が引き立つ展示のコツは，同じような色合いの絵を横に持ってこないことです。また，全体に優しいタッチの線描や淡い色調の絵は，目から遠く高い所に掲示すると何が描いてあるのか見えにくくなります。

　換気や明るさの関係で，教室に十分な展示スペースがないという学校もあるかと思います。上手に交代制にしたり，空き教室や渡り廊下等に展示コーナーを設けたりする等工夫し，全員が平等に展示されるようにします。

　展示が終わったら，絵は大切に保管し，学期末や学年末に作品バッグに入れて家庭へ持ち帰らせます。「学校で絵を飾っていた時も，学校がカラフルで明るい感じになりましたね。素敵な絵なので，今度はぜひ家でも飾ってもらってくださいね」と言葉を添えるとよいです。

◀ POINT ▮

　絵が傷まないように留め，絵が物の陰にならないように展示しよう。展示用名札や展示期間にも気を配ろう。

36 指導案はどんなことに気をつけて書くとよいの？

指導案の形式は，学校や市町村によっていろいろです。しかし項目内容はほぼ同じです。どんなことに気をつけて書くとよいでしょうか。

○年○組　図画工作科学習指導案

指導者　○○○○

1　日時・場所　　○年○月○日（　）於　図工室
2　題材名
3　題材について
（1）　題材観
（2）　児童観
（3）　指導観
4　題材目標
5　題材の評価規準
6　指導計画（全○時間）
7　本時の展開
（1）　本時の目標
（2）　準備物
（3）　学習の展開
（4）　板書計画

1　指導案の効果

指導案があると，授業者や授業参観者は，授業のポイントや子どもへの支援・手立てが明確になるので，手立ての有効性を検証しやすくなります。授業者の授業にかける願いやねらいもはっきりします。授業者自身，授業のどこでどのように評価するかも明確になり，それに合わせた机間指導での声かけがしやすくなります。

2 指導案を書く時のポイント

　「題材名」は，目の前の子どもたちが興味
をもち，ねらいや活動が分かるものにします。
　「題材観」では，この題材でどんな力を子
どもたちに付けることができるのかを明確に
します。「児童観」では，これまでの図画工
作科における子どもの姿の中から，今回の題
材につながるものを記します。授業者が今回
の題材を通して，どんな子どもの姿を求めているのかを明確にすることが大
事です。「指導観」では，求める子どもの姿にするための様々な手立てを書
きます。特定の子どもを抽出して検証する場合は，その子どもに関する実態
や支援を指導案に項目を起こして書き加えます。

題材名
「すきなもの　み〜つけた!」
目指す子どもの姿や
合言葉をイメージ

題材名
「教えてあげる
あの時の様子と気持ち」
伝える喜び

　「題材の評価規準」を記しておくと，机間指導でどんな子どもの姿を観察
すべきかが明確になり，評価しやすくなるのはもちろん，声のかけ方も具体
的になります。
　「指導計画」や「本時の展開」では，子どもたち一人一人の活動を予想し
ながら立てます。2時間ごとあるいは1時間ごとの授業の区切りで，授業の
目標を立て，それに合わせた導入・展開・振り返りを設定します。図画工作
科の場合は，導入・振り返りで対話的な学び合いをし，展開では個の追求を
十分保障します。
　「板書計画」があると，本時の目標や活動の見通し，技法等の支援が明確
になります。

> **POINT**
>
> 　まず，子どもの姿を思い浮かべ，子どもに授業を通してどうなってほし
> いか願いをもとう。その願いを叶えるための手立てを，いつどこで講じる
> かが具体的に伝わるように指導案を書こう。

<「はさみが歌うと紙はおどりだす」(切り紙のコラージュ) 4時間完了>

全4時間の単元の内,第1時の授業の流れを下に示します。

時間(分)	学 習 活 動
3	1 「はさみがうたうと、紙はおどり出す」という 題材名からどんな学習かを自由に想像する。 ・はさみがうたうように、楽しく切り紙をする。 ・紙を組み合わせて楽しい世界を作る。
8	2 教科書掲載作品を鑑賞し合う。 　切り紙作品のよさや工夫を見つけよう ①「発見カード」に6分間で見つけて書く。 ②その後1分間で、見つけた中から友達に伝えたいと思うことを一つに決める。 ・切った形がだんだん変わって、この辺りは人が泳いでいる形に見えるところがすごい。 ・切り抜いた方の形と、残った方の紙に開いた形をうまく使っている。 ・連続模様みたいに切ってあって面白い。 ・台紙を重ねてその上に貼ってあるのがいい。 ・片ダンボールや包装紙を使っている。
14	3 見つけたことを伝え合う。 ・春らしい色と秋らしい色と対照的。 ・楽器という題だけれど、たぶんトランペット。 ・つけたしで、バイオリンの棒がある。 ・指揮者の棒にも見える。 ・ぎざぎざバサミで切っているところがいい。
17	4 板書を振り返り、自分の表現に生かしながら切り紙をする。 ・私は好きな青色から切り始めよう。波みたいに切ろうかな。 ・激しいぎざぎざ風に切ろう。 ・紙を折って切ったらどうなるかな。 ・いろいろな色でいっぱい丸を切り抜こう。
3	5 本時を振り返り、次時の見通しを持つ。 ・授業感想に、次の授業までに準備したい紙や作品の見通し、今日の授業で学んだことなどを書く。

題材との出合い(第1時)の授業の流れ

Chapter 3

これでうまくいく！
題材別指導のコツ

37 材料や偶然できた形・色から発想する絵の授業は，どんなことを工夫して行うとよいの？

材料や偶然できた形・色から発想して絵にする題材が，どの学年にもあります。破いたり切ったりしてできた紙を並べてできた形，持ち寄った材料の形・色・材質，絵の具や墨によるにじみ・ぼかし・かすれ等から発想し，表現する題材です。

1 造形的な見方・考え方を広げる仲間との交流

豊かな発想を引き出すためには，形や色等の造形的な見方・考え方を，仲間との交流を通して広げることが大事です。

導入で子どもたちが，いろいろな向きから形を見たり，別の形と比較したりして，特徴を伝え合うようにします。そして，「この形，○○に見える」「わたしは△△に見えるよ」等と，感じ方の違いのおもしろさに気づくようにします。「大きい⇔小さい」「細い⇔太い」等，見る視点を子どもの言葉から拾い，板書します。

この学びを生かして，個人でも十分手に取って考える時間を取り，じっくり表現していきます。

図画工作科では，自分の好きな色を見つけたり，高学年では色を感情に結びつけたり，同系色・反対色等の色の組み合わせにも目を向けたりしていきます。「わたしはこの色の組み合わせが好き」とか「この色の組み合わせはやさしい感じだね」等，交流します。

2　五感を使って見つける大切さ

　形や色に対する感性を磨くのに，視覚だけでなく五感を駆使することも大事です。感じたことを生かして表現につなげていきます。

　例えば，いろいろな材料を並べて思いついたことを絵に表す題材では，導入で，十分材料と触れ合います。視覚で見つけた色・形以外にも，聴覚で見つけた「握るとクシャクシャという音がしたよ」とか，触覚で見つけた「ふわふわしていたよ」「なんだか温かい感じ」等の発見を取り上げます。この発見を生かして，表したい感じをイメージし，絵にします。中には，言葉には表現しきれない感覚や感じ方もあることでしょう。それが表現を通して形になる喜びや不思議を，図画工作科では経験することができます。

　このような経験は，将来職に就いて仕事をする時，あるいは家事，育児，料理する時等，様々な場面で発揮されるかもしれません。図画工作科を通して，様々なものに触れる経験をたくさん積ませたいものです。

> ▶ **POINT**
>
> 　材料や偶然できた形・色から発想する題材は，仲間との交流を通して造形的な見方・考え方を広げ，材料に十分触れて五感を駆使して見つけたことを表現につなげよう。

▶ 見て触って感じてつくる絵（コラージュ，液体粘土，土）

　図画工作科は自分の手を使って様々な材料を加工します。視覚・触覚・聴覚を駆使して，材料の特性（色・形・材質）を感じ取りながら，表したいことを見つけて表現していきます。

テーマ　「きらきらの世界」「ふしぎな国」など，大きなテーマにする場合もあれば，「土から生まれた生き物」等のように，描くテーマを絞る場合もある。具象，抽象どちらも可能

材料　・紙をはさみで切って，その形を組み合わせ台紙に貼る（p.96参照）

　　　　・紙を破いたりちぎったりして，その形を組み合わせて台紙に貼る

　　　　・紐，布，ボタン，緩衝材，木切れ，毛糸，綿等様々な材料を使って台紙に貼る

　　　　・水で薄めた糊を垂らした上に砂やチョークの粉をかけて絵にする

　　　　・水で薄めた糊に土を混ぜて指で描く

　　　　・色セロハンやお花紙，ビーズ等，光を通す材料をプラスチック段ボールなどに貼ってステンドグラスのようにする

　　　　・きらきら光る材料（アルミホイル，キラキラテープ，包み紙，モール等）を台紙に貼る

　　　　・落ち葉や木の実を台紙に貼る

　　　　・薄い板材を切ったり彫ったりした形を組み合わせて台の板に貼り着色する

接着材　化学接着剤の適切な扱いを学ぶ機会にする

付録⑬ ▶ 空想の世界を描く絵　ワークシート

　縦横好みのA4の紙に，題材名・氏名・発問の言葉を印刷し，その下は自由に子どもが思いついたものを描けるようにする。

こんなのりものがあったらいいな

　　　　　年　　　組　　　番 名前（　　　　　　　　　　　　　　　　）

あなたがねがうふしぎなせかいへ行けるのりものがあったとしたら、どんなせかいへ行きたいですか？　また、そんなゆめののりものは、どんなかたちののりものでしょうか？

絵やことばで、いくつかかいてみましょう。

だれも見たことのないふしぎな花

　　　　　年　　　組　　　番 名前（　　　　　　　　　　　　　　　　）

だれも見たことのないふしぎな花が、一日だけさくそうです。どんな色・形の花かな？　そんなふしぎな花がさく世界はどんな世界でしょうか？　絵や言葉で、いくつかかいてみましょう。（学習用タブレットで花の写真をヒントに考えてもいいですよ。）

「だれも見たことのない
ふしぎな花」でできた作品

「歌う花の合唱団」

「幸せの涙から生まれる花」

38　空想の世界を描く絵の授業のコツは？

「もしも～たら」という夢を絵に描くことは，絵の中での疑似体験とも言え，絵に描いて自分の想いを表出する喜びを感じることができます。

1　内に秘めた想いや願いの表出

新型コロナウイルス感染拡大で学校が休校になった時，家の中でどこへも行けないでいる子どもたちを，せめて絵の中でどこかへ行かせてあげたいと願い，右のような「こうだったらいいのにな」の絵を募集して学校ホームページで紹介しました。「自分の想いを外に出す・伝える」という究極の目

元城美術館 MOTOSHIRO☆MUSEUM
「こうだったら いいのにな」
2020.7.7
新型コロナウィルス感染拡大防止のための休校期間ステイホーム中に描いた「こうだったらいいのにな」をテーマにした夢の絵を集めました。
「この夢、あるある！自分といっしょ」とか「自分には思いつかなかった夢だ」など、いろいろな思いを、絵を通して感じてください。絵の見方は、「うまいか、へたか」ではありません。作者の思いやアイデアを、あなたが見つけられるか？です。「感じる心」をぜひ、元城美術館でみがいてください。
それでは、たくさん応募してくれた中から、学校ホームページに、名前まで掲載OKだった人の絵から紹介します。

的を，図画工作科は担っていることを実感しました。

空想画の題材は教科書のどの学年にもたくさんあります。「もしもこんな不思議な花が咲いたら」「もしもこんな不思議な乗り物があったら」「もしもこんな不思議な生き物がいたら」等，絵の中で想像を楽しめるようにします。それには導入での工夫が特に大切です。次に例を示します。

2 導入での工夫例

　想像したことが色や形に結びつき，題材との出合いから絵の完成まで，わくわくしながら夢を広げていけるように，次のような工夫をします。

題材との出合いの演出

　教師は身振り手振りを入れて表情豊かに演出します。物を見せるにも，大事に箱から取り出して見せる等，子どもの興味を引くように工夫します。

発想のきっかけづくり・支援

　想像したことを形や色に結びつける支援として，テーマに合わせて実物や写真等を提示すると，絵に描きやすくなります（乗り物各種，植物各種，町各種，生き物各種……等）。

　形をきっかけに想像を広げる題材もあります。箱を広げた形から発想したり，1枚の写真を画用紙に貼り，そこから空想の世界を広げたりします。

　発想で立ち止まっている子には対話を心がけ，表現のきっかけを対話から見つけられるようにします。

POINT

　子どもが絵の中で空想を十分に楽しみ，想いを表現に出せるように，題材との出合いの演出や発想のきっかけづくりを工夫しよう。

39 読書感想画では，どんな本を選び，どのように授業をしたらよいの？

　読書週間に合わせて読書感想画を描き，コンクールへ参加したり，図書室に描いた絵を飾ったり，絵葉書にして送ったりする学校は多いようです。

　よく「一人一人違う本がよいのか，みんな一斉に読み聞かせた方がよいのか，どちらでしょうか」という質問を受けます。目的に合わせて選択すればよいですが，学び合いや支援を多く準備できるのは後者です。また，「本の挿絵を見ながら描くのが NG だと，登場人物の形や色が分からなくて描けず困っている」という悩みも聞きます。この悩みに対しても，一斉に読み聞かせる方法なら工夫できます。

　ここでは，5年生の「しまふくろうのみずうみ」の実践を例に挙げて紹介します。

---

(1) **本の選定（付録⑭参照）**

(2) **事前調べ**
　「次の読書感想画では，主人公がシマフクロウの本を読みます。シマフクロウってどんな形や色，大きさか知っていますか？　そこで宿題は，シマフクロウ調べにします」と伝えます。「しまふくろう　マイ事典（付録⑮参照）」と称したワークシートには，本やインターネットで調べたシマフクロウの特徴等を言葉や絵で書き込みます。子どもは，一度絵に描く経験ができるだけでなく，描く対象の形や特徴を捉えられ，興味も増します。その後，調べてきたことを発表し合い，その板書を描く支援に使います。

(3) **読み聞かせ**
　挿絵を見せながらじっくり読み聞かせます。挿絵がないと本の内容を理解できない子どももいます。描く時のイメージにもつながりますので，挿絵もじっくり見せながら，挿絵からも想像を膨らませます。

(4) **場面の掘り起こし**
　描く場面を想起しやすいように，ストーリーを板書にします。絵に表す時に参考になるキーワードのみを板書にし，どの場面が描きたいかを子どもに決めさせます。この板書は，絵を描き込んできてから「もっと何を描こう？」という時にも有効となります。模造紙や写真に残し，掲示や学習用タブレットで見られるようにしておくと便利です。

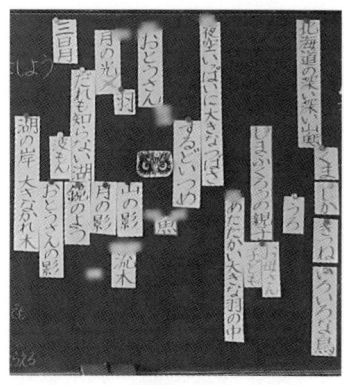
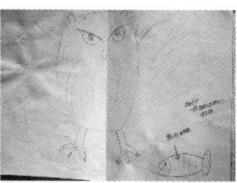

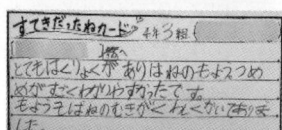

⑸ **アイデアスケッチ（構想）**

　低学年は省き，動作化や指描きをして画用紙に直接描かせます。

　中・高学年では，アイデアスケッチ用のプリントに，構想を簡単に描かせます。ここで細かく描かないようにし，題材の最後まで余力を残させます。描きたいことが表れる構図かを，教師は個別に対話して確認します。

⑹ **色画用紙選び（p.45参照），線描**

　各色の効果を考えて色画用紙を選ばせます。画用紙へは指描きや薄く鉛筆で位置取りをしてから，クレヨンやペン等で線描させます。アイデアスケッチと少し違ってよいので，線を大切に描くように声をかけます。

⑺ **着色**

　導入でめあてを確認し，色づくりや筆づかいを工夫させます。また，物的支援（板書，材料バンク・画材・画用紙・網・ブラシ・タンポ等，技法バンク）や人的支援（教師や友達との関わり）を活用します。

⑻ **仕上げ**

　「できた」と言って来たら，絵のよさを見つけて褒めた後，どんな絵なのかを子どもに語らせると，さらに描くことを見つける場合もあります。自分や友達の絵や資料を見ているうちに工夫を見つける場合もあります。

POINT

　読書感想画では，描きやすい本を選定し，話の登場人物について興味をもたせ，読み聞かせ，場面の掘り起こしをさせよう。アイデアスケッチや画用紙へ描く際は，一人一人の思いに合わせて支援をしよう。

次のような本がお勧めです。
・子どもが興味・関心をもち，教師もぜひ描かせたいと思える本
・登場人物が子どもに親しみやすい本
・描く場面がいくつかある本
・描く時，色や形が楽しめる本
・空間表現が子どもの発達に合っている本

　低学年は空間表現の特徴から，クジラやゾウ等，大小関係が絵になる登場人物の本・レントゲン画が可能な場面の本等がお勧めです。

　高学年になるにつれて細かい表現や重なり・奥行きが表現できる場面の本がお勧めです。

　読書感想画に使える本を一部紹介します。

低学年	『にじいろのはな／マイケル・グレイニエツ』 『だいおういかのいかたろう／ザ・キャビンカンパニー』 『くじらのあかちゃんおおきくなあれ／神沢利子』 『くいしんぼうのクジラ／谷口智則』 『くじらのだいすけ／天野祐吉』 『ぐるんぱのようちえん／西内ミナミ』 『ももいろのきりん／中川李枝子』 『おひさん／たかべせいいち』 『おむすびころりん／日本昔話』 『てぶくろ／ウクライナ民話』 『ぞうのエルマー／デビッド・マッキー』 『ざりがにのおうさま　まっかちん／大友康夫』

中学年	『かたあしだちょうのエルフ／おのきがく』 『ブレーメンのおんがくたい／グリム兄弟』 『もぐらのホリーともぐらいも／あさみいくよ』 『空飛ぶのらネコ探険隊 アフリカゾウ大ピンチ／ 大原興三郎』 『かにむかし／木下順二』 『とうさんはタツノオトシゴ／エリック・カール』 『にじいろのさかな／マーカス・フィスター』 『ジャックと豆の木／イギリス童話』 『ソメコとオニ／斎藤隆介』 『スイミー／レオ・レオニ』 『にじいろのしまうま／こやま峰子』 『ぼくはカメレオン／たしろちさと』 『カメレオンのかきごおりや／谷口智則』 『ミリーのすてきなぼうし／きたむらさとし』 『くじゃくのジャックのだいだっそう／井上よう子』 『おおきなきがほしい／佐藤さとる』

高学年	『りゅうのめのなみだ／浜田廣介』 『うちのペットはドラゴン／マーガレット・マーヒー』 『しまふくろうのみずうみ／手島圭三郎』 『しましまじま／ツペラ ツペラ』 『海とそらがであうばしょ／テリー・ファン＆エリック・ファン』 『やまなし／宮沢賢治』 『銀河鉄道の夜／宮沢賢治』 『火の鳥／斎藤隆介』 『マフィーくんとジオじいさん ふしぎなぼうし／伊藤正道』 『百羽のツル／花岡大学』 『ジャックせんせいのおどろ木／ブライアン・ワイルドスミス』

　p.102に示した事前調べのワークシートです。読書感想画の本を読み聞かせる少し前に，「今度，○○が出てくるお話を読んで絵に描きます。それまでに，○○ってどんな特徴があるのか，研究しましょう」と，このワークシートを配付します。計算や漢字練習に代えての宿題だと，子どもも大喜びです。また，興味関心をもって本の話に聞き入り，描く時の参考にもできます。「足りない人はプリントの裏も自由に書いていいよ」と伝えるとよいです。

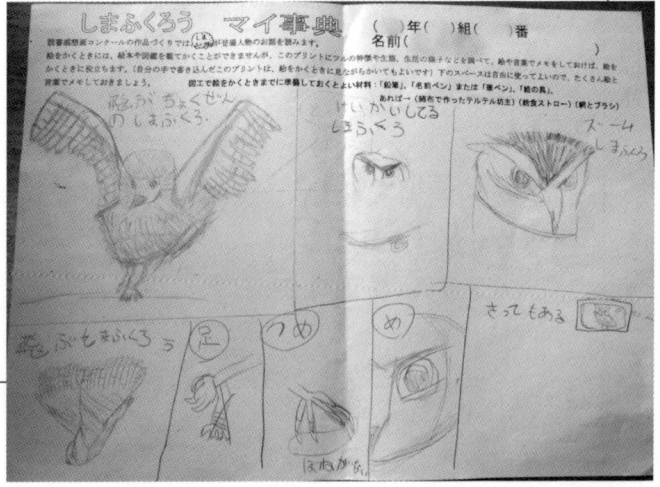

p.103に示したアイデアスケッチ用ワークシートです。ワークシートを配付するまでの授業展開例も参考にしてください。

お話の絵「ぼくはカメレオン」　4年　　組　　番（　　　　　　　　　　　　　　）

絵にしたい場面をかんたんにかいてみましょう。いくつかかいた中からえらんで画用紙にかきます。細かくかかずに、だいたいの位置がわかるようにかきましょう。

お話の絵「ぼくはカメレオン」　授業展開例（事前調べを生かした読み聞かせ〜場面の掘り起こし〜アイデアスケッチ）

T：ジャングルにはどんな動物がいるのか、カメレオンはどんな生き物なのか、宿題でいろいろ事前に調べてきましたね。今からそのジャングルの動物たちが登場する絵本を読みます。その後、心に残った場面や想像したことを絵に描きます。この本の絵は、挿絵を描いたたしろさんがお話から想像した絵です。みんなはそのたしろさんの絵とそっくりのまねになってはいけません。だから、みんなが絵を描くときは、絵本の絵を横に置いて見て描くことはしません。ストーリーを思い出すために絵本をどうしてももう一度見たい人は、先生の所へ来てください。ちょっとだけ本を見て思い出してもらいます。または、黒板やプリントに、ストーリーを思い出せるようにお話の登場人物や場面のキーワードを示しますので、それを見て思い出してください。この宿題の一人調べのプリントはいつでも机の上に出してヒントにしてよいです。「爪は何本だったかな？」とか調べたい時に使ってください。ただ、プリントの絵が、何かの写真をそっくりまねして描いていたら、今から描く絵はちょっとだけポーズや表情などを変えるなど、自分らしい絵に変えて描いてくださいね。学習用タブレットで調べることもＯＫです。タブレットで見た写真もそのまままねして描くのはダメです。「図工は、いつでも、自分らしくオンリー１」でしたね！

さあ、それでは読みますよ。ジャングルでの出来事の世界へみんなと一緒にワープします。どんな場面の絵にしようかなあと考えながら、絵本を見て聞いてください。それでは、『ぼくはカメレオン　たしろちさと』始まり、始まり！
（読み聞かせをする。挿絵も見せながら読み、子どもがストーリーを十分理解できるようにする。）

T：どうでしたか？では、お話に登場したものを、みんなで確認してみましょう。どんなものが登場しましたか？
C：カメレオンです。
C：付け足しで、絵の具屋のカルロです。
C：カバもいました。　　C：ライオンも。　　C：シマウマも。・・・
T：（子どもが出したものを板書していく。登場人物とお話の場面が分かりやすいように板書していく。）
　よくお話を覚えていましたね。さあ、どんな場面の絵にしましょうか？　今からアイデアスケッチ用のワークシートを配るので、簡単に「こんな感じにしようかなあ」というアイデアをいくつか描いてみましょう。勿論１つに決まっている人は１つでもいいですよ。ただのメモ用紙なので、あまり細かく描かなくてよいですからね。何をどこに描くかが、自分と相談する先生に分かればいいです。描いてみて決まった人は、先生と相談して、画用紙に描きます。画用紙に描く時のことは、次の授業の最初に言いますので、まずはアイデアをこのワークシートにいろいろメモしてみてくださいね。
※ワークシートに描く活動後は、授業の区切りのよい所で、グループワークや教師との個別相談を通して構想をさらに練り、とりあえず画用紙の色を選んで描き始める。

40 生活の中でしたことや感じたことを描く授業のコツは？

　思い出を絵にする題材の例は，23（p.62）や24（p.64）で紹介したので，ここでは，校庭の木や小動物・昆虫等を描く題材を取り上げます。校庭の木を描く実践を例に伝えます。

1 描く対象への思いのもたせ方

　描く対象と触れ合い，描く対象の特性を五感で感じ取ります。見つけたことを伝えたいという思いがもてるように対象と十分関わります。そして見つけたことをワークシートに簡単にメモします。

2 気づきの共有

わたしの木「木とふれあって大発見！」

　5年　　　組（　　）番　　　名前（　　　　　　　　　　　　　　　　）

★**目**で見て，**耳**で聞いて，**鼻**でかいで，**手やほお**などでさわって，見つけよう。どんな感じ？（ごつごつ？つるつる？それとも？）木の**とくちょう**は？自分の**感想**は？（目で見つめる時以外は，**目をつむってみる**と見つかりやすいよ。）

★この木で，こんなことできたらおもしろいだろうなあと，**想像**したことは？夢を広げてみよう。

　ワークシートをもとに，仲間と気づきの共有をします。絵に表したいことやもう一度描く対象を見に行って確かめたいことが明確になります。どう描くかを考える支援になります。

3 構図と線描

　いろいろな角度や距離から描く対象をよく見て構図を考え，画面に描きます。必要に応じて，ワークシートの裏に試し描きをしてみるのもよいです。

　構図が決まったら，鉛筆で大体の位置が分かる程度に薄く描き，クレヨンやペン等の描画材で線を大事に描いていきます。

4 着色から仕上げまで

　実物が目の前にあれば，対象の色をよく見て自分の絵の表現に合った絵の具の混色を試みることができます。実物を前に描けない場合は，写真や実物の一部を手元で見

られるようにします。描く対象との関わりや気づきの共有で見つけたことを絵に生かせるように，ワークシートも適宜活用します。

　表現に行き詰っている子どもがいたら，教師も一緒にワークシートを振り返ったり，子どもと対話をしたりして，表現したかったことを確認します。描き方を指示するのではなく，「○○さんが気づいていたごつごつした模様をこの上から描く方法もあるけど，どうしようか？　絵の具はまだ片付けないで，実物や友達の絵をゆっくり見て考えればいいですよ」等と提案をし，子ども自身に決めさせます。道具や技法を紹介するコーナーも活用できるように準備して支援します。

POINT

　描く対象への思いをもたせ，対象との触れ合いから気づいたことを言語化し，描きたいことを子どもがイメージできるように支援しよう。

41　版画を子どもが楽しむには，どんなことに気をつけたらよい？

　低学年は，様々な物の形をたくさん写しとります。中学年では，低学年での「凸凹があれば形を写しとれる」経験を生かし，意図的に凸凹をつくって自分の表したい表現を追求します。

1　こすり出し

　「凸凹探偵になろう」と呼びかけると，子どもは張り切って様々な凸凹模様を写し取る調査に出ます。写し取った紙を切り抜いて台紙に貼り合わせ，「凸凹コレクション」にしたり，そこから発想して絵にしたりすることで，また新しい見え方を発見することができます。

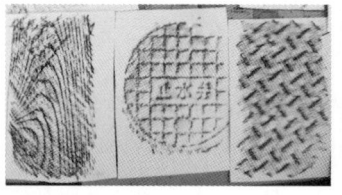 

2　スタンピング

　スタンプした形や色，重なり方によって様々な表現ができます。硬い・柔らかいという

材質の違いでスタンプする時の感触が異なります。感触を楽しんでいるうちに連続模様ができたり，偶然生まれた形を何かに見立てたりする子どもの姿が見られます。自分の手や足型をスタンプする活動では，身体感覚をフルに活用して表現できるように，紙は大きなもの，共同でつくる場合は模造紙やロール紙を用意するとよいでしょう。

3 型紙・型抜き（ステンシル）

　表したいものに合わせて，好きな形に紙を切ると，型紙と型抜きができます。「どっちも使えるよ」と子どもは得意気になります。「いいことを見つけたね」と褒めると，様々な技法を意欲的に試そうとする子どもが育ちます。

4 凸の紙版画・凹のスチロール版画

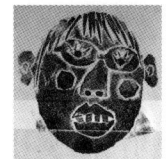

　型紙の表面に，紙を貼って形をつくるのが紙版画です。重ねた紙の段差が凸凹になり印刷すると線になります。凸凹のものは形を写せるという１年生からの経験の積み重ねから子どもは仕組みを理解します。スチロール版画では，スチレンボードに硬いものを押し当て模様をつけたり，フォークなどで引っかいたりします。へこんだ所はインクがつかず白くなるという経験は木版画に生かされます。どちらの版画も色を重ね合わせられ，高学年で扱っても面白い題材です。

5 様々な材料を貼り合わせて版をつくる版画

　片面段ボールや紐，緩衝材等，いろいろ用意します。材料から表したいことを発想する場合もあるので，材料に触れる時間を大事にします。
　材料を貼り合わせる時，化学接着剤でしっかりつけて乾かしておかないと，印刷時にばらばらになることがあるので気をつけます。
　版にローラーでインクをつける時は，新聞紙を下に敷きます。隣には別のきれいな新聞紙の上に印刷用紙を用意して，紙が汚れないようにします。

> **POINT**
> 　子どもが様々な形や凸凹を写し取る経験を積み，自分で凸凹をつくって版画にする喜びが実感できるように，材料や用具，技法の支援をしよう。

42 木版画を子どもが楽しむには，どんなことに気をつけたらよい？

　初めての木版画では，彫刻刀で木を削る感覚を十分味わえるようにします。曲線・直線彫り，面彫り，彫刻刀の種類による違い等，いろいろ試して心地よさを味わえるようにします。自分の想像した絵のように表現できないことで，版画が嫌いになる子どももいますので支援を工夫します。

1　一色刷り木版での困りごととその解決法

| 下絵を描くのに，時間がかかる。 | ▶ | ・人物や景色等の具象を描かず，模様や形を組み合わせて構成する題材に代える。 |

| 彫刻刀で上手く彫れない。 | ▶ | ・彫刻刀の向きや板にあてる角度を個別に見守る。
・彫刻刀の試し彫りで，描く対象が小さいと彫りにくいことを実感してから下絵を描く。 |

| 印刷時の白黒を想像して彫ることが分からなくなる。 | ▶ | ・白黒を塗り分けた下絵にする。
・グレーの色つきの版木にする。
・下絵に合わせてトレースした後，墨や白チョークで板に色をつけたりする。 |

2　多色刷り木版での困りごととその解決法

一版多色木版

　板の凸面へ，色ごとに絵の具を乗せて刷ります。板と印刷用紙を上辺でテープ留めしてずれないようにすれば，比較的手軽に多色が楽しめます。

「彫った所に前の色が残る」仕組みで，３色程を重ねます。彫り方・重ね方によって，思いがけない形や色との出会いを楽しむことができますが，「試す」ことに果敢に挑戦させる支援が大事になります。

1色目印刷
彫った所は
1色目のインクがつかず，白く線が残る

板を洗い，1色目の色を残したい2つの形の内側を彫る

2色目印刷
彫った所はインクがつかず，白と1色目の色が残る

工程が複雑で理解しにくい。	・デジタル教材等でやり方を視覚的に理解できるようにしておく。
彫る・刷る・板を洗う等，様々な子どもがいて落ち着かない。	・工程順に動線を考えた活動のエリアを分けて配置する（子どもも工程が理解しやすい）。板を洗う水道の近くが印刷エリアになる。
重ねる時にずれることで嫌になってしまう。	・1色目を何枚か刷っておく。 ・1色目は板の上に紙を置いて刷る。2色目以降は紙の上に板を置く。この時，板の手前両端の角や辺を1色目の印刷と合わせるのを見守る。
描いた対象には不似合いな色になってしまう。	・テーマを具象にせず，しっかりした下絵を描かないで模様や形を彫る。思いがけない形や色に出合うことを楽しむ。

POINT

版画は，思いがけない形や色との出会いを新たな発想のチャンスと捉える声かけをしよう。下絵に縛られず，試しながらつくり続ける子どもを目指して，描くテーマや支援を実態に合わせて工夫しよう。

　「子どもに，１枚の絵としての構図に時間をかける
のではなく，彫刻刀での彫りを試しながら彫り心地を
体感させたい」「のこぎり体験もさせたい」という教
師の思いからつくったオリジナル題材を紹介します。

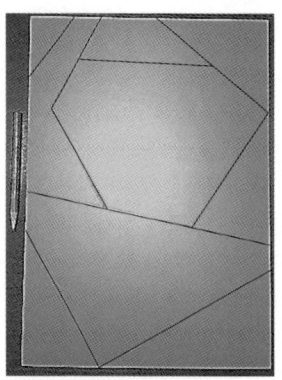

１　板に線を引く
（小さすぎない）

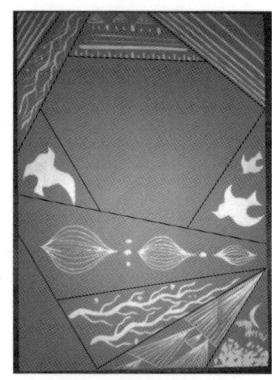

２　彫刻刀で線や模
様・形を彫る

３　線に沿って，のこ
ぎりで切る

４　切り口に
紙やすりをかける

５　板を寄せて新聞紙
上に置き，インクを
のせる

６　印刷紙と同サイズ
の紙の上に並べる

7　手をきれいにしてか
ら印刷紙をのせて，板
の形が写るまで手でお
さえる。細かい線は慎
重にバレンで仕上げる

8　紙をめくって印刷完
了！
（乾いたら水たっぷりの
薄い絵の具で着色も可）

9　2枚目の印刷は並べ
方やパーツを変えてみ
ると面白い

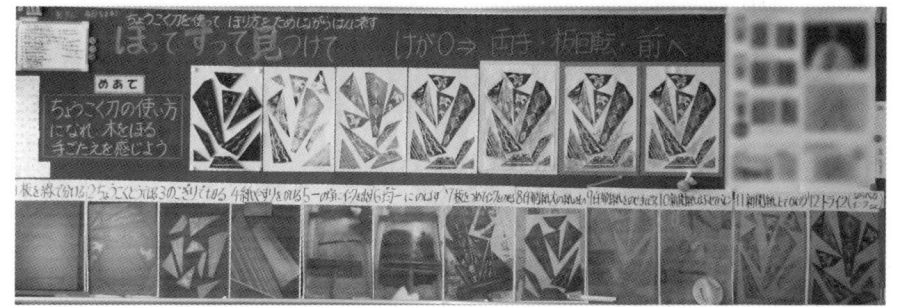

＜応用＞

　5・6年生では，のこぎりを電動のこぎりに代え，曲線で版を切り分ける
のも面白いです。木の板ではなくスチレンボードを切り分けて並べる版画も
面白いです。

43　オリジナル題材をつくるコツは？

　オリジナル題材のよさは，子どもの興味・関心や実態により合ったものであることです。学校の授業時間を使って行うので，学習指導要領から大きく逸れてはいけませんが，教師の得意分野や地域性を生かすこともできます。

1　題材設定の工夫

　生活の中で子どもが興味をもち，心を動かすのはどんな時でしょうか。子どもの顔を思い浮かべて考えてみてください。

　例えば，「学校生活の中で今，力を入れている〇〇と図画工作科の題材を関連付けたら，もっと子どもたちは興味をもつのではないかな」と思うものに目をつけてみます。

生活科・理科や総合的な学習の時間で育てている
花や野菜＋図画工作

例　題材名
「こんなヒマワリ見たことない!?」

わたしたちの育てているヒマワリが
ある日とつぜん大変身
夢のようなふしぎなヒマワリって
どんなヒマワリかな？

「〇〇と関連付ける」は，図画工作科の枠を超えて，他教科・領域と横断的に組んだり，学級活動のちょっとした活動と関連付けたりすることです。

　学級活動の中でスピーチを取り入れている学校も多いでしょう。低学年で，スピーチと自分の好きなものを絵に描く題材とを関連付けるのもおもしろいです。描いた絵を手に持ってスピーチすれば，言葉が不十分でも絵から伝わり，仲間に伝えられる喜びを感じさせることができます。

　新たに子どもに興味を抱かせたい時は，子どもに「知りたい・つくりたい」という意欲が湧くような題材との出合いを工夫します。教室にもそれに関するコーナーを特設するとよいです。コーナーがきっかけで会話が弾み発想につながったり，興味・関心をもてたりします。コーナーの実物や写真が，描く時の視覚的支援にもなります。

2 地域を生かした題材

地域の和紙作家を招いて紙漉き（切り紙や色水を漉き込んだ）

　地域を生かしたオリジナル題材では，まず地域にどんな「人・もの・こと」があるのかに目を向けます。地域作家，美術館，交流館，町の建築物やオブジェ，森や川などの自然の恵み，地域の祭りや歴史……等，地域に眠っている宝とコラボすることは，地域を愛し，心に故郷をもち続ける人間を育てることにもつながります。また，子どもの姿を願う教師の思いをオリジナルの題材につなげることもできます。付録⑯（p.114）の木版画のオリジナル題材は，「子どもに，１枚の絵としての構図に時間をかけるのではなく，彫刻刀で木を削る時の心地よさをもっと味わわせたい」という思いからつくりました。

　オリジナル題材に限ったことではありませんが，事前に教師が試作することをお勧めします。子どもの手で扱える材料・用具なのか，子どもの顔を思い浮かべながら確かめます。試作の過程を写真や動画に収めておくと，授業で使えるのでお勧めです。板書や学習用タブレットで，手順やポイントを示すのに使えます。

　子どもたちの興味・関心がもてるオリジナル題材に挑戦してみましょう。

◀━ **POINT** ┃
　子どもの心が動き，描きたいと思う題材を見つけよう。学校で力を入れている活動や他教科領域，地域の「人・もの・こと」に目を向け，教師の思いをオリジナル題材に込めよう。

木版画の授業では，教科書巻末やデジタル教材，掛図等の「彫刻刀の扱い方」「木版画の印刷の仕方」を活用して指導します。ここでは，声かけの例をピックアップしましたので参考にしてください。

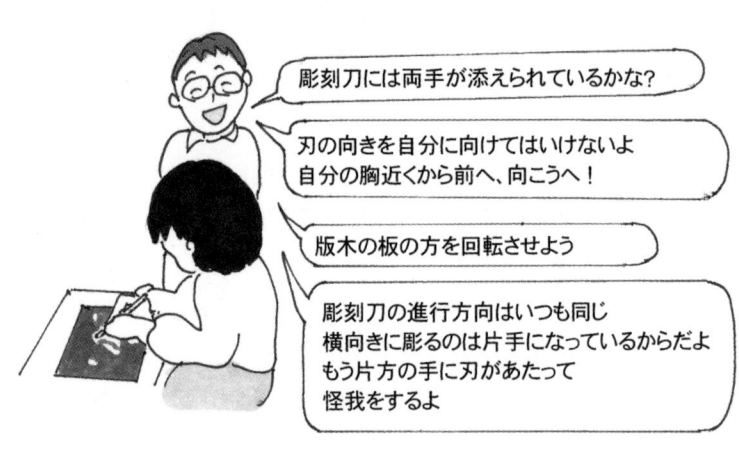

彫刻刀には両手が添えられているかな?

刃の向きを自分に向けてはいけないよ
自分の胸近くから前へ、向こうへ！

版木の板の方を回転させよう

彫刻刀の進行方向はいつも同じ
横向きに彫るのは片手になっているからだよ
もう片方の手に刃があたって
怪我をするよ

※「怪我0」を目指して、子どもが危険な彫り方をしていないか見てまわろう

インクはローラーの
横幅ぐらいの長さに
出そう
「一」の字を書くように
ローラーにむらなく
均等にインクが
つくようにのばそう

片付けでは
ローラーの両端の
横の所に
インクが残らない
ように洗おう

Chapter 4

やってみたくなる！
図画工作
×
学級づくりのコツ

44 人間関係づくりや道徳に図画工作科を どのように生かすことができるの？

　教室には，様々な子どもがいます。表情が乏しい子，粗暴でトラブルが絶えない子等には，褒めるチャンスをなかなか見つけることができません。次々起きる問題に学級が沈みがちで，悪いイメージが広がることもあります。そんな悩みを解決する糸口を図画工作科でつくることができます。

1　互いのよさを認め合える図画工作科

　図画工作科の授業は，表現の違いを互いに認め合うという教科の特性があります。その特性を生かして，褒められることが少ない子を褒めて認めることができます。「Ａ君，よくこんな方法を見つけたね」と，教師が褒めることで，仲間からも認められます。互いの考え方の違いを尊重し合う温かい雰囲気も生まれます。褒められた子も，自分に対するよいイメージを壊さないように努力することでしょう。

　言葉で表現することは苦手でも，絵では豊かに表現できる子もいます。仲間に自分の思いを伝えられることで，少しずつ自

信がつき，仲間意識も生まれます。

　もちろん，たった１回の図画工作科の授業で改善できるものではありません。何度でもチャンスを子どもに与えることがしやすいのも図画工作科です。チャンスをしかけ，よさを見逃さない教師でありたいと願います。

2 道徳と図画工作科との関連

　図画工作科の活動を通して，イラストのような道徳的価値についての考え方・感じ方を育てていきます。

3 人間らしさを発揮できる図画工作科

　図画工作科では，様々な形・色に触れ，美に感動する心を育み，自分の好きな形・色で自分を表現する喜びを感じることができます。

　図画工作科には，描きたい対象物を描写する題材と，偶然生まれた形・色から発想・表現する題材とがあります。図画工作科に苦手意識をもっている子どもには，後者の題材でまず褒めて自信をもたせるとよいです。遊びの要素もあり，気軽に表現を楽しむ中で，自信をつけていくことができます。意図せずできた形・色をどうするか工夫していく力は，失敗をチャンスに変えていく力にも通じます。まさに未来に必要な「生きる力」です。

　つまり，図画工作科で培う力は，人間らしさそのもの！　予測困難な AI 時代を生きる子どもたちに身につけさせたい力と言えます。

◀ **POINT** ▌

　図画工作科で互いのよさを認め合うことで，学級を立て直すきっかけにしたり，違いを認め合える温かい人間関係の基盤をつくったりしよう。

45 年度初めの学級づくりに，図画工作科を生かすことはできるの？

　新しい学年になり，希望に胸を膨らませる４月。「今年はこんな一年間にしたい」「こんな学級にしたい」と，気持ちを新たに誰もが頑張ろうとします。図画工作科を生かした学級開き・級訓づくりの例を紹介します。

1　学年・学級開き

　子どもたちとの出会いの演出として，教師の願いを込めた板書を準備します。教師の願いと子どもたちの願いが級訓につながることを見通し，願いを象徴するテーマを定めます。願いを視覚化するのが板書です。テーマに関する絵や詩等，工夫するとよいでしょう。

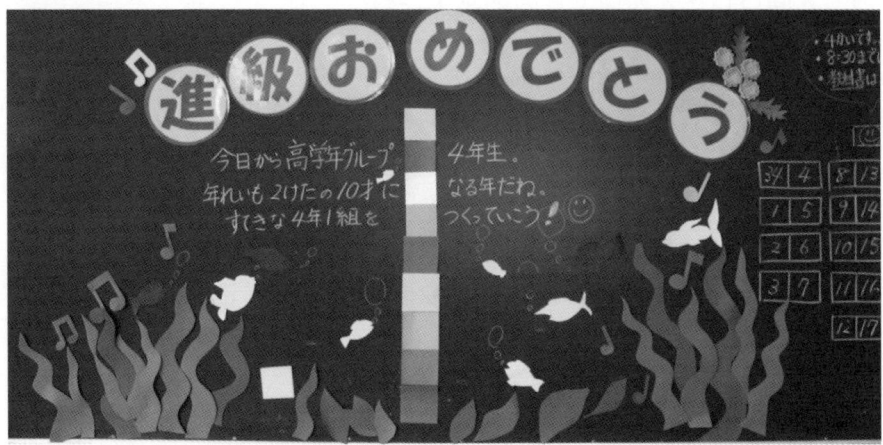

　学年テーマは「つみき」。カラフルな積み木９つは９歳をイメージ。10個目を積み上げるこの４年生の日々を頑張っていこうという願いを込めている。絵本「つみきのいえ」の読み聞かせを学年・学級開きで行い，一日一日を大切に積み上げていこうと呼びかけた。板書に使った色画用紙のパーツは，後の教室掲示に再利用した

2 級訓

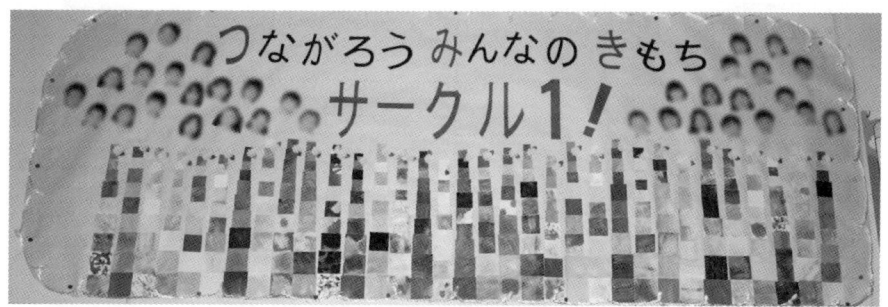

　学年テーマ「つみき」に合わせた４年１組の級訓。４年生の絵の具遊びをした画用紙から正方形を切り抜いた。それを絵本「つみきのいえ」風に積み上げた。てっぺんにはクラフトパンチで開けた花をタンポポに見立てた。一人一人のカラーの違いを認め合い，皆に支えられている感謝の気持ちを忘れずに，新たなつみきを積み上げていこうと呼びかけた

　学級開きで教師は，どんな一年間にしたいか願いを熱く語ります。前頁のように，黒板にイメージが視覚化されているので，子どもたちも自然とその世界観の中で「こんな学級にしたい！　こんな一年間にしたい！」という思いをもちます。各自の思いを集め，集約し，級訓が決まったら，掲示物をつくります。授業の集中力の妨げにならない所へ掲示し，朝の会・帰りの会や学級活動で級訓を意識付けます。

　付録⑱（p.130）や裏表紙にも学級開き・級訓の例を掲載しましたので参考にしてください。

> **POINT**
>
> 　学年・学級テーマを視覚化し，図画工作科の題材を活用して，学年・学級開きの掲示物や級訓の掲示物をつくろう。掲示物を見ながら，どんな一年間にしたいか，子どもに夢をもたせよう。

46 図画工作科を生かした教室づくりには どのようなものがあるの？

　子ども一人一人が描いたものを教室づくりに生かすことで，自分の存在感を教室に感じさせることができます。図画工作科で培った力を生かした教室づくりの例を紹介します。

1 オリジナルキャラクターづくり

　学年テーマに合ったキャラクターを子ども一人一人に考えさせて描かせます。描いたキャラクターは一度鑑賞し合い，その後，順に教室や廊下の掲示に使ったり，学級新聞に掲載したりします。「次は誰のキャラクターが登場するかな？」と子どもたちはわくわくすることでしょう。「どんなアイデアも表現もおもしろい」と教師が率先して認め，友達の絵をけなすことは絶対しないと学級で約束し，掲示に活用していきます。

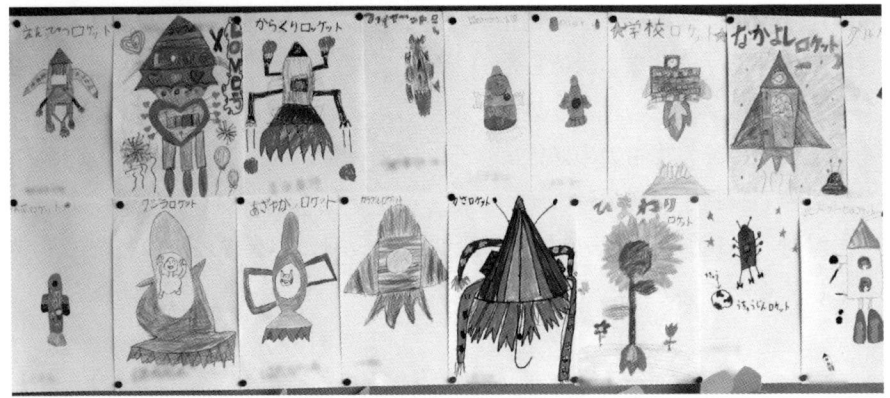

学年テーマは「宇宙船」。全員が宇宙船に乗り，新たな発見を目指して進んでいこう（全員が授業や行事に主体的に参加し，新たな学びを目指していこう）という願いの視覚化。夢いっぱいの宇宙船を各自の想像で描いた

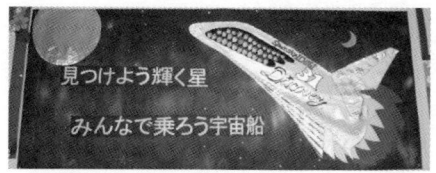 

　級訓掲示の一部を子どもたちには内緒で変えていった。「なんだか目標の星がだんだん大きくなっているような気がする」とある日子どもが気づいた。学級の皆で頑張ると，宇宙船は目標の星に近づいていく

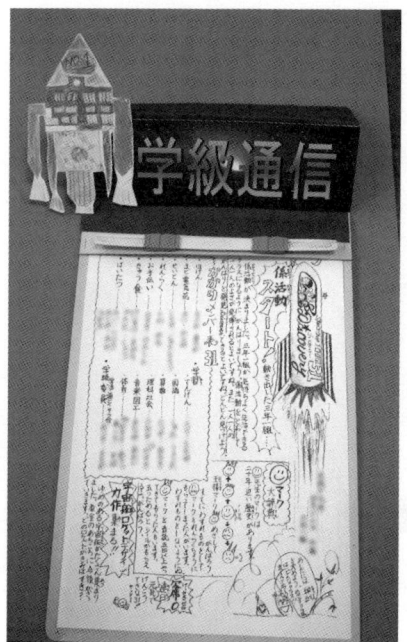 

　キャラクターを切り抜き，掲示ホルダーのアクセントに

係活動を頑張ると各係の宇宙船が進む。よい行いをするたびに宇宙には星も増える

POINT

　「自分の頑張りが教室にある！」と子どもが意識できる掲示を，図画工作科の題材を工夫してつくろう。教室の仲間とのコミュニケーションのきっかけづくりや，互いの頑張りの賞賛等に活用できるものをつくろう。

47 絵で使う用具をふだんは教室に どう置くとよいの？

　図画工作科でも学級活動でも使えるように，道具や材料を教室のコーナーにストックしておくとよいです。授業や係活動や学級のためになる自主活動にのみ使える大事なものであることを伝えて使わせます。最初に約束や注意点を子ども自身に考えさせて，次に道具や材料を使う人が気持ちよく手に取れるようにします。

　また，基本的に担任は誰が使っているかを把握したうえで使用させます。使う子どもも，一言担任に伝えてから道具を借りたり材料を使ったりします。子どもにとってコミュニケーションの取り方も大事な学びなのです。もちろん時には，「この時間は，〜に気をつけて〜を使ってもよいです」と許可の合図を一斉に出し，各自に「貸してください」を言わせずに使わせる場合もあります。

1 あると便利な用具と気をつけること

水性顔料マーカー等の色マジックペン（乾くと水に流れず，重ね描きも可）	・しっかりふたをする。

接着剤（発達に合わせて，セロハンテープ・のり・木工用接着剤等）	・しっかりふたをする。 ・新聞紙等を敷いて使う。

新聞紙，雑紙（プリントの余り）	・向きをそろえておく。 ・汚れたものは処分。

工作で切り余った色画用紙（大小や長短で箱を分けておくと便利） ➡	・手のひらサイズ以下は処分。 ・折れ曲げたものは処分。
図画工作科の授業で余った材料（紐・テープ・リボン・モール・シール・小切れ布・割りばし等） ➡	・絡まらないように，取り出しfやすいように整理整頓。

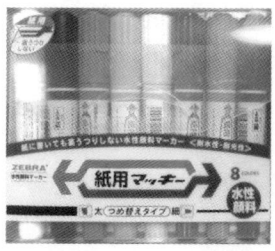  

2 子どもが家から持ってきた用具・材料の管理

　図画工作科で各自が持ってきた材料は，家庭が購入したものですので，基本的には学習が終わったら持ち帰らせます。みんなで使うコーナーへの寄付は，中途半端に残った切れ端で，約束の大きさ・長さをクリアしている物に限るようにします。様々な質感のものが少しずつでもコーナーにあると，材料から子どもが発想したり，次に自分で準備するヒントになったりします。

　整理整頓係などを決めて，管理は教師が行うようにしましょう。

◀ POINT ▮▮

　図画工作科や学級活動で誰もが気持ちよく使える「用具・材料コーナー」を教室に設置しよう。ルールや係を決めて，大事に用具を使う心を育てよう。

48 行事や学級活動に図画工作科を どう生かしたらよい？

　学校・学年行事，学級活動と図画工作科との教科横断的な取り扱いは，小学校では行いやすいです。一年間を見通して計画的に取り入れることで，子どものやる気も変わります。保護者からの期待や信頼も生むことができます。親や保護者，地域も巻き込んで，話題を提供することもできます。そうすれば，それをきっかけに子どもの人間関係も広がります。

1 行事や学級活動に図画工作科を生かす例

　行事「二分の一成人式」では，0歳からこれまでの自分の姿を絵や版画にし，「つみき」のように縦に積み上げて掲示し，保護者や祖父母，地域の方に観ていただいた。「つみき」は学年テーマ。コツコツと努力を積み上げる子どもを目指した

学芸会の劇で全員が持つ天狗のうちわをつくった。クレヨンで葉脈を描き，絵の具で着色した色画用紙を葉の形に切り団扇に挿んだ

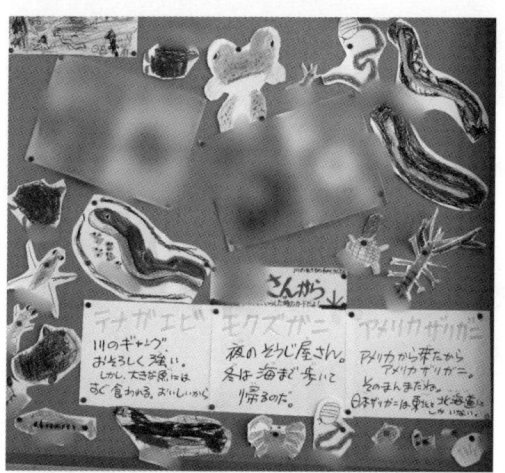
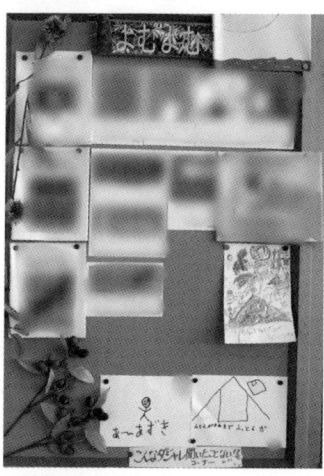

朝の読書タイムで読み聞かせた本のコーナー。本の中の好きな登場人物の絵や自分で思いついたアイデア等を掲示した

2 行事や学級活動で図画工作科を生かす効果

図画工作科で使う用具を行事や学級活動でも使うことで，用具の特性をさらに知ることができます。伝える楽しさも味わえます。

◀ POINT ▶

表現して伝える楽しさや人間関係が広がる喜びを子どもたちに実感させることができるように，行事や学級活動に図画工作科を生かそう。

　一人一人のカラーの違いを大切にしていきたいという願いを込めて「12色」(豊島クロ純)の詩を皆で味わった学級開き。カラフルな板書を準備

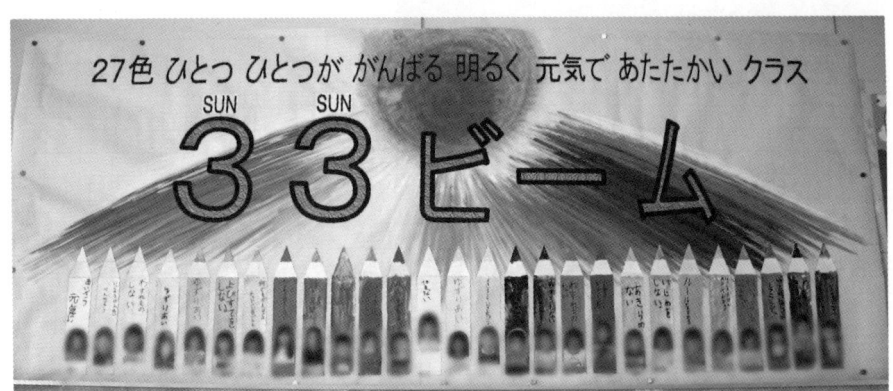

　図画工作科の絵の具遊びでつくった色から自分のお気に入りの色を選び,級訓に活用。3年3組のパワービームは一人一人のカラーが輝く。子ども一人一人から集めた目指す学級像に27色で向かう

おわりに

「図画工作の授業って，絵が得意かどうかではないんですね」
ある先生がすっきりした顔つきで私に話しかけてきました。
「以前は，教師も子どもも，絵を描くのが得意か不得意かでどうしたって差が出てしまうとあきらめていました。でも，図画工作科の授業で教師は，描き方の技術だけを教え込むのではないことが分かりました」
と話されたのです。
　図画工作科を通して子どもたちにどんな力をつけるべきか，学習指導要領でも明記されています。しかし依然として現場では，技能教科は技能部分のみの力の育成に目が行きがちでした。
　子どもたちが，ＡＩ時代の中で人間らしさを発揮し，多様性を認め合ってたくましく生きていくために大切な能力は，図画工作科の授業で培われます。
　絵を描く技能習得だけが目的ではなく，もっと大切な使命を私たち教師は日々の教育で任されているのだと認識すべきです。
　この本を手に取ってくださった先生方に，冒頭の先生のように，図画工作科について再認識していただけたら光栄です。そして，お近くの先生と，図画工作科の授業について語り合ってください。図画工作科を通して子どもたちが，たくましく生きる力を身につけていくことを願います。
　最後になりましたが，本書の発刊に当たり，明治図書の木村悠様，同志社女子大学教授の竹井史先生には大変お世話になりました。心より深く感謝申し上げます。また，授業づくり・学級づくりの楽しさを教えてくださった元豊田市立小清水小学校長の前田勝洋先生にも深く感謝申し上げます。そして，私が図画工作教育に携わる時，常に基準としてきた「子どもの心身の成長と創造的発達との関係」を教えてくださった，元愛知教育大学名誉教授の故：竹内清先生に，心より感謝申し上げます。
　2023年8月

鈴木　早紀恵

【著者紹介】

鈴木 早紀恵（すずき さきえ）

愛知教育大学大学院を修了後，平成２年４月より豊田市内小中学校に勤務。愛知県造形教育研究会，愛知県造形教育連盟，三河教育研究会造形部会，豊田市教育研究会図工美術部会の役員を務めながら，現在は豊田市立野見小学校に校長として勤務。

主な著書

竹井史・山田芳明編著『図工科授業サポートBOOKS 小学校図工スキマ時間に大活躍！ おもしろショートワーク 造形・立体あそび編』（明治図書）

竹井史他監修『新学習指導要領対応 小学校図工テッパン題材モデル（中学年・高学年)』（明治図書）

教師の働き方研究会編『教職１年目の授業づくり大全』（明治図書）

竹井史編著『図工科授業サポートBOOKS 図画工作指導テクニック114』（明治図書）

前田勝洋他著『授業する力をきたえる』（黎明書房）

『図画工作学習指導書：指導・評価編３・４下 指導案編（平成23年度版)』（開隆堂）

以上，分担執筆

図工科授業サポートBOOKS

あるある悩みを一気に解決！
小学校図画工作 絵の指導ガイド

2023年９月初版第１刷刊	©著 者	鈴 木 早 紀 恵
	発行者	藤 原 光 政
	発行所	明治図書出版株式会社

http://www.meijitosho.co.jp

（企画)木村 悠 (校正)杉浦佐和子

〒114-0023 東京都北区滝野川7-46-1
振替00160-5-151318 電話03(5907)6703
ご注文窓口 電話03(5907)6668

＊検印省略

組版所 朝日メディアインターナショナル株式会社

Printed in Japan　　　　ISBN978-4-18-341633-9

もれなくクーポンがもらえる！読者アンケートはこちらから

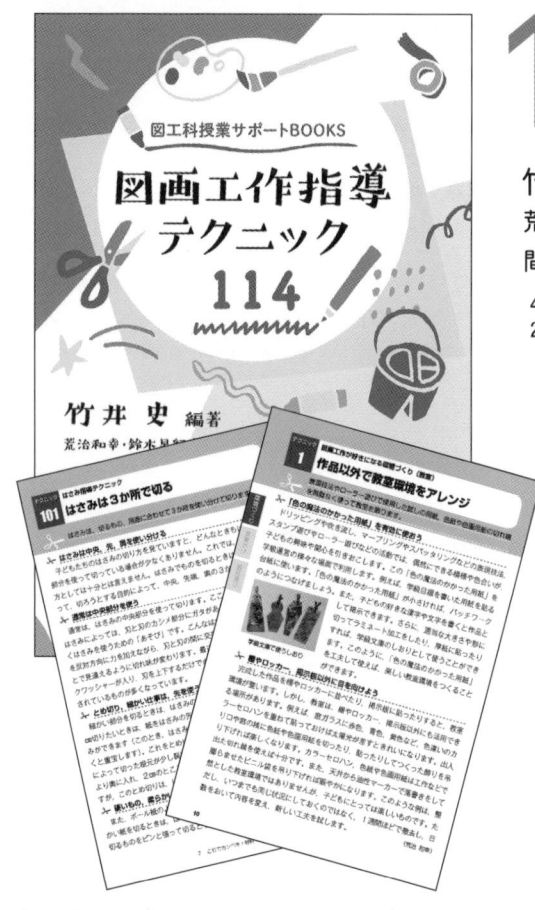

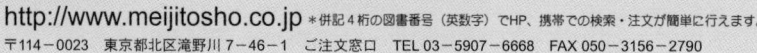

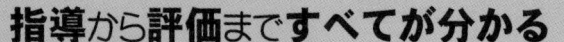